중국어 기초회화1

김진아

HU:iNE

머리말

1992년 중국과의 수교를 시작으로 중국과의 교류확대는 정치, 경제, 과학, 금융, 문화 등 다양한 분야로 이어지고 있습니다. 중국이 경제적으로 급성장하면서 장차 세계의 중심에 서리라는 예측에 중국어에 관심을 가지고 배우려는 인구가 급속히 증가하고 있으며, 최근 몇 년 동안 다양한 중국어 교재들이 봇물 터지듯 쏟아져 나오고 있습니다.

1990년대 중반 이후 우리나라에 인터넷이 보편화되면서 기업의 연수원과 일부 대학을 중심으로 활발하게 e-러닝 관련 교육개혁 방안을 수차례 제시한 이후, 평생교육 법령하의 사이버 대학 설립을 인가하기 시작하여 2004년 현재 17개의 원격대학이 운영되고 있습니다. 물론 e-러닝의 운영서비스 범위 안에 외국어 교육도 포함되어 현재 많은 사이버 대학에서 외국어 e-러닝 서비스를 시작하고 있으며 외국어 중에서 중국어 교육도 활발하게 실시하고 있습니다.

명실상부한 국내 외국어 교육의 메카인 한국외국어대학교는 사이버한국외국어대학교를 출범시켜 그 동안 외국어 분야에서 쌓아온 교육 경험과 IT기술을 접목시킨 최고의 e-러닝 서비스를 실시하고자 합니다. 이에 대한 일환으로 중국어 분야에서도 기존 중국어 교육 컨텐츠와 차별화된 맞춤형 교육 서비스를 준비하였습니다.

이 책은 중국어를 시작하는 초보자들과 보다 빠르고 정확하게 중국어 실용회화 실력을 다지고자 하는 직장인들에게 꼭 필요한 표현과 어휘들을 선정하여 만들었습니다. 이 책을 통해 학습자는 총 13주 동안 다양한 인사말, 자기소개, 쇼핑 등 일상생활에 꼭 필요한 표현들을 익히게 됩니다. 이러한 실용회화와 함께 다양한 형태의 반복 학습이 이 교재의 최대 장점입니다. 초급 학습자들은 한꺼번에 많은 내용을 익히기 보다는 꼭 필요한 표현과 어휘, 문법 사항들을 반복 학습하여 완전히 자기 것으로 만들어야 중간에 포기하지 않고 중급, 고급 과정까지 올라갈 수 있습니다. 이 책의 특징이자 장점은 매 3주째마다 반복 학습이 있어서 학습자들이 그 동안 배운 내용을 다양한 방법을 통해 확인할 수 있습니다. 또한 읽기, 듣기, 쓰기, 말하기 능력을 동시에 높여주기 때문에 균형 잡힌 중국어 실력을 다지는 데 손색이 없을 것입니다. 이 책은 독자들에게 보다 유익하고 흥미진진하게 다가갈 수 있는 중국어교재이며, 중국어 초급 실력을 다지는데 친절한 교재가 될 것입니다.

2013년 3월

김 진 아

목차

중국어 기초회화 1

1주차
중국어의 특징 및 인사

학습내용

01 중국어의 기본적인 특징 (중국어의 구성과 성조 그리고 성조변화)

02 인사 (만남과 헤어질 때의 인사)

03 잘 아는 사람들끼리 서로 안부를 묻는 인사 (주로 상대의 건강과 근황에 대해 물어본다.)

학습목표

중국어의 기본적인 특성을 이해하고 상황별 인사 (만남과 헤어짐, 안부인사)를 익히는 것을 목표로 한다.

1주차 중국어의 특징 및 인사

01 중국어의 기본적인 특징

1) 중국어의 구성

• 중국어의 음절은 성모(자음)+운모(모음)+성조로 이루어져 있다.

2) 중국어의 성조

(1) 성조란? 각 음절이 가지고 있는 고유한 음의 높낮이

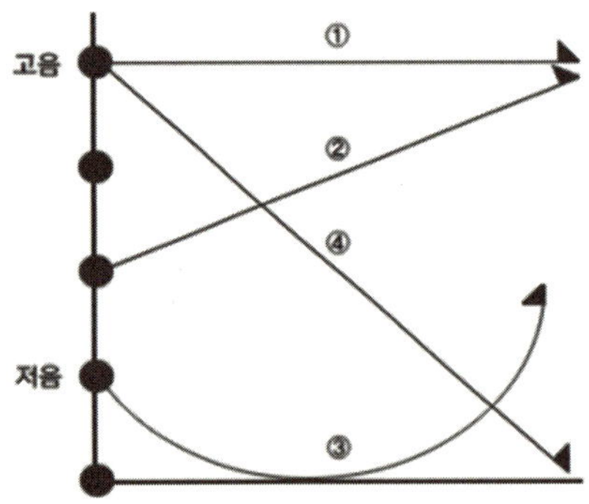

- 성조를 잘 읽는 법: 높낮이를 생각하여 읽는다.
- 성조를 음계에 비유하여 읽는다.
- 가장 높은 성조는 도, 레, 미, 파, 솔 음계의 솔에 해당되고, 가장 낮은 성조는 도에 해당된다.
- 성조는 성조가 생긴 대로 읽어야 한다.

(2) 중국어의 성조(1성~4성)

mā 엄마

má 마(식물)

mǎ 말

mà 욕하다

- 1성 : 높고 평탄한 음을 길게 발음한다. (솔~~~)
- 2성 : 비교적 낮은 음에서 시작하여 높은 음까지 끌어 올린다. (미~솔)
- 3성 : 2성보다 더 낮은 음에서 시작하여 가장 낮은 음으로 내려갔다가 빠른 속도로 음을 끌어 올린다. (레-도-미)
- 4성 : 가장 높은 음에서 가장 낮은 음을 단숨에 끌어내린다. (솔-도)

(3) 중국어 성조부호표기법

성조의 부호는 운모(모음) 위에 표기한다.

운모가 두 개 이상일 경우에는 a → o → e → i → u의 순서대로 표기한다.

Ex) kān gōu jiū guī juē

(4) 중국어 성조의 변화

① 3성+3성 → 2성+3성 : nǐ hǎo → ní hǎo

② 4성+4성 → 2성+4성 : bù kàn → bú kàn

③ 1성+4성 → 2성+4성 : yī xià → yí xià

(5) 경성이란?

- 일부 음절이 본래의 성조를 잃고 여리고 짧게 발음되는 성조를 경성이라고 한다.
- 경성의 표기는 운모 위에 점으로 표기 하거나 표기 하지 않는다.

tā mėn yé yė mèi mei

02 你好! (!안녕하세요!) / 再见! (안녕히 가세요!) 01-1.mp3

A: 你好! 안녕하세요!
nǐhǎo!

B: 你好! 안녕하세요!
nǐhǎo!

A: 再见! 안녕히 가세요!!
zài jiàn!

B: 再见! 안녕히 가세요!!
zài jiàn!

단어

① 你	nǐ	당신, 너(2인칭 대명사)
② 好	hǎo	좋다 / 안녕하다
③ 你好	nǐ hǎo	안녕하세요
④ 再	zài	다시, 또
⑤ 见	jiàn	만나다, 보다
⑥ 再见	zài jiàn	안녕히 계세요

단어해설

(1) 2인칭 대명사 你(nǐ)와 您(nín)

사람을 가리키는 대명사를 '인칭대명사'라고 한다. 그 가운데 2인칭 대명사로는 你(nǐ)와 您(nín)이 있다.

你(nǐ)는 친구나 동년배, 혹은 아랫사람에게 사용된다.
您(nín)은 윗사람이나 웃어른에게 사용하는 존칭이다.

(2) 好 hǎo 좋다 / 안녕하다

好(hǎo)는 일반적으로 '좋다' 란 뜻으로 형용사로 사용되지만 你好(nǐ hǎo)라고 쓰일 때는 인사말 '안녕하세요'라는 의미로 쓰인다.

你好吗?	(nǐ hǎo ma?)	안녕하세요?
东西好。	(dōng xi hǎo)	물건이 좋다.

(3) 再见 zài jiàn

'다시', '또'라는 뜻의 부사 '再'와 '보다, 만나다'라는 뜻의 동사 '見'이 결합한 형태로 '안녕히계세요', '안녕'이라는 뜻의 인사말이다.

(4) 성조변화

① 3성 + 3성 → 2성 + 3성	nǐ hǎo	→	ní hǎo
	shuǐ guǒ	→	shuí guǒ
	kě yǐ	→	ké yǐ

② 4성 + 4성 → 반4성 + 4성

zài jiàn → zài jiàn
jiàn miàn → jiàn miàn
diàn huà → diàn huà

듣고 따라 하기 01-2.mp3

▶ 你
好
你好
再
见
再见

▶ A: 你好!
B: 你好!

▶ A: 再见!
B: 再见!

▶ nǐ
hǎo
nǐ hǎo
zài

jiàn

zài jiàn

쓰기

你	
好	
再	
见	

간체자와 번체자

见 / 見

문제풀이

1. 다음 발음 중 성조변화가 있는 것을 고르세요.

① nǐ zǎo　　② jīn tiān　　③ hànyǔ

2. 다음 중 不(bu)의 성조가 2성으로 변하는 것을 고르세요.

① bù chī　　② bù hǎo　　③ bù lái　　④ bù qù

3. 다음 단어에 맞은 발음을 듣고 고르세요 01-3.mp3

(1) 你好

① nǐ hǎo　　② nī hǎo　　③ ní hǎo

(2) 再见

① zǎi jiàn　　② zài jiǎn
③ zài jiàn　　④ zài jīan

4. 보기에서 빈칸에 공통으로 들어갈 단어를 골라 대화를 완성하세요.

见　好　再　你

A: 你(　　)!
B: 你(　　)!

5. 다음 대화와 일치하는 그림을 고르세요.

A: 再见!

B: 再见!

①

②

③

03 身体怎么样? 건강은 어떻습니까? 01-4.mp3

A: 你好吗?　　안녕하세요? (잘 지내시죠?)
nǐ hǎo ma?

B: 我很好。你呢?　　잘 지냅니다. 당신은요?
wǒ hěn hǎo. nǐ ne?

A: 我也很好。　　저도 잘 지냅니다.
wǒ yě hěn hǎo.

你身体怎么样？　건강은 어떻습니까?

nǐ shēntǐ zěnmeyàng?

B: 我身体很好。　건강은 매우 좋습니다.

wǒ shēntǐ hěn hǎo.

단어

① 吗	ma	~입니까? (의문조사)
② 我	wǒ	나 (1인칭대명사)
③ 很	hěn	매우, 아주
④ 你呢	nǐ ne	당신은요?
⑤ 也	yě	~도, ~역시
⑥ 身体	shēn tǐ	몸, 건강
⑦ 怎么样	zěnmeyàng	어떻습니까?

단어해설

(1) 의문조사 吗 : ~입니까?

중국어의 의문문은 여러 가지 형태가 있는데, 가장 보편적으로 사용되는 형식은 평서문 끝에 의문조사 '吗'를 붙이는 것이다.

他去。	tā qù.	그는 간다.
他去吗?	tā qù ma?	그는 갑니까?

(2) 부사 很 : 매우

중국어의 부사는 동사, 형용사 앞에서 동사와 형용사를 수식한다.

很漂亮	hěn piào liang	매우 아름답다. (형용사 수식)
很快	hěn kuài	매우 빠르다

(3) 어기조사 呢 : ~은요? ~하군요.

呢는 의문문과 평서문에 모두 사용할 수 있다. 의문문에 쓰이면 '~은요?'의 뜻이고, 평서문에 쓰이면 '~하군요'와 같이 사실을 확인하는 뜻인 어기조사로 쓰인다.

(4) 부사 也 : ~도, ~역시

중국어의 부사는 주어 뒤 혹은 술어 앞에 쓰인다. 만약 한 문장에 부사 '也'와 '很'이 같이 나오면, 반드시 '也'가 '很' 앞에 쓰여야 한다.

我也去。	wǒ yě qù.	나도 간다.
我也吃。	wǒ yě chī.	나도 먹는다.
我也很好。	wǒ yě hěn hǎo.	나도 매우 좋다.

(5) 의문대명사怎么样 : ~어떻습니까?

의문대명사 怎么样이 들어가면 의문문이 된다. 앞에 부정사 不가 올경우에는 '별로 (그다지)~하지 않다'의 뜻이다

你身体怎么样？	건강이 어떠세요?
不怎么样。	그저 그렇습니다.

듣고 따라 하기 01-5.mp3

▶ 你好吗?

我很好。

你呢?

我也很好。

身体好吗?

身体很好。

你身体怎么样?

我身体很好。

▶ nǐ hǎo ma?

wǒ hěn hǎo.

nǐ ne?

wǒ yě hěn hǎo.

nǐ shēntǐ zěnmeyàng?

wǒ shēntǐ hěn hǎo.

쓰기

我	
很	
吗	
呢	
也	
身体	
怎么样	

문제풀이

1. 다음 문장을 잘 보고 대화가 완성되도록 연결하세요.

(1) 你好吗?	○	○	我很好。
(2) 你身体好吗?	○	○	我也很好。
(3) 你也好吗?	○	○	我身体好。

2. 다음 제시어를 보고 대화를 완성하세요.

学习	生意	身体

A: ______________怎么样？

B: 我______________。

3. 보기에서 적당한 단어를 골라 대화를 완성하세요.

身体	吗	很	也	怎么样

A: 你好（　　　　）？

B: 我（　　　　）好。你呢？

A: 我（　　　　）很好。

B: 身体怎么样？

A: （　　　　）很好。

총정리

1) 의문조사 吗

你好吗? 你去吗? 你学习吗? 你来吗?

nǐ hǎo ma? nǐ qù ma ? nǐ xuéxí ma ? nǐ lái ma ?

2) 의문대명사 怎么样

身体 / 学习 / 生意怎么样?

shēntǐ/ xuéxí / shēngyì zěnmeyàng?

3) 어기조사 呢

你的车呢？　　你的朋友呢？

nǐ de chē ne?　　nǐ de péngyou ne ?

4) 부사 很

他很漂亮。

tā hěn piàoliang.

他很快。

tā hěn kuài.

China talk

중국에는 몇 개의 언어가 있을까?

13억 인구의 중국 대륙의 면적은 우리나라의 96배라고 한다. 베이징(北京)에서 상해(上海)까지 기차로 19시간 광저우(广州)까지는 34시간, 신장(新疆)의 우루무치(乌鲁木齐)까지는 74시간 걸린다.

중국에는 56개의 소수민족이 있다. 소수민족은 각자 고유 언어를 가지고 있다. 중국의 방언은 우리나라처럼 전라도 경상도 말의 차이가 아니라, 거의 외국어 수준이라 같은 중국인이라도 방언으로 의사소통은 불가능하다. 다행이도 보통화(普通话)가 표준어로 제정되어 있다. 따라서 표준어인 보통화를 잘 배운다면 중국어 어디를 가든 의사소통에는 전혀 문제가 없다.

중국어 기초회화 1

2주차
중국어 상황별 인사

학습내용

01 오랜만에 만나 근황을 묻는 인사
02 오전 오후 자기 전 시간에 따른 인사법을 학습한다.

학습목표

여러 가지 다른 상황에서 벌어지는 다양한 인사법 익히기

2주차 중국어 상황별 인사

01 好久不见! 오랜만입니다! 02-1.mp3

A: 好久不见! 오랜만입니다!
hǎo jiǔ bù jiàn!

B: 好久不见! 오랜만입니다!
hǎo jiǔ bù jiàn!

A: 你工作忙吗? 일이 바쁘십니까?
nǐ gōngzuò máng ma?

B: 我工作忙。你呢? 일이 바쁩니다. 당신은요?
wǒ gōngzuò máng. nǐ ne?

A: 我不忙。 저는 바쁘지 않습니다.
wǒ bù máng.

단어

① 好久不见	hǎo jiǔ bù jiàn	오랜만입니다
② 工作	gōngzuò	일, 작업
③ 忙	máng	바쁘다
④ 不	bù	(~이)아니다

단어해설

1) 好久不见 : 오래간만입니다

평소에 잘 알고 지내던 사람들이 오랜만에 만났을 때 안부를 묻는 인사법이다. 유사표현으로 好久没见 hǎo jiǔ méi jiàn 이 있다.

2) 不 : ~하지 않다. ~(이) 아니다

부정부사 '不'은 동사나 형용사 혹은 다른 부사 앞에 쓰여 부정을 나타낸다.

好 hǎo 좋다 → 不好 bù hǎo 좋지 않다
忙 máng 바쁘다 → 不忙 bù máng 바쁘지 않다

3) 不의 성조 변화

'不'은 본래 제4성이지만 뒤에 제4성이 연이어 올 경우에는 제2성으로 변한다.

不见 bù jiàn → bú jiàn
不用 bù yòng → bú yòng

4) 不bù 와 没méi의 차이점

중국어에서는 부정부사 '不'나 '没'를 사용하여 부정문을 만든다. '不'는 현재를 뜻하는 문장에, '没'은 과거를 뜻하는 문장에 사용된다.

(1) '不'는 주관적인 염원에 사용되며, 동사나 형용사 앞에 놓여 동작 자체나 성질에 대한 부정을 나타낸다. 그리고 모든 조동사 앞에 사용할 수 있다.

你忙吗?	nǐ máng ma?	바쁩니까?
我不忙。	wǒ bù máng.	바쁘지 않습니다.

(2) 没는 동사나 형용사 앞에 쓰여 동작 혹은 상태가 이미 발생했거나 성질의 변화에 대한 부정을 나타낸다.

你工作了吗?	nǐ gōngzuò le ma?	당신은 일을 하셨습니까?
我没工作。	wǒ méi gōngzuò.	저는 일을 하지 않았습니다.

듣고 따라 하기 02-2.mp3

▶ 你忙吗?　我忙。/ 我不忙。

你很忙吗?　我很忙。/ 我不忙。

你工作忙吗?　我工作忙。/ 我工作不忙。

你工作很忙吗?　我工作很忙。/ 我工作不忙。

你学习忙吗?　我学习忙。/ 我学习不忙。

你生意忙吗?　我生意忙。/ 我生意不忙。

你生意很忙吗?　我生意很忙。/ 我生意不忙。

▶ nǐ máng ma?

nǐ hěn máng ma?

nǐ gōngzuò máng ma?

wǒ gōngzuò bù máng.

wǒ gōngzuò hěn máng.

nǐ xuéxí máng ma?

nǐ xuéxí hǎo ma?

nǐ shēngyì máng ma?

wǒ shēngyì hěn máng

쓰기

好久不见	
工作	
不	
忙	

문제풀이

1. 빈칸에 알맞은 문장을 넣어 대화를 완성하세요.

A: 好久不见!

B: ______________!

① 好久不见!　　② 我很好。　　③ 我很忙。

2. 어순에 맞게 아래 단어를 나열하여 문장을 완성하세요.

(1) 工作 / 我 / 不 / 忙

(2) 你 / 忙 / 吗 / 学习

(3) 生意 / 我 / 忙 / 不

3. 不의 성조가 나머지 셋과 다른 것을 고르세요.

① 不忙　　② 不好　　③ 不见　　④ 不吃

4. 그림과 제시어를 보고 대화를 완성하세요.

学习

工作

A: 你(　　　　) 忙吗?
B: 我(　　　　)。

5. 다음 문장을 중국어로 작문하세요.

(1) 나는 바쁘지 않습니다.

(2) 나는 일이 매우 바쁩니다.

(3) 오랜만입니다.

02 早上好! 시간 별 인사 02-3.mp3

A: 早上好!
zǎoshang hǎo!

안녕하세요? (좋은 아침입니다.)

B: 早上好!
zǎoshang hǎo!

안녕하세요? (좋은 아침입니다.)

A: 晚上好!　　　안녕하세요? (좋은 저녁입니다.)
wǎnshang hǎo!

B: 晚上好!　　　안녕하세요? (좋은 저녁입니다.)
wǎnshang hǎo!

A: 晚安!　　　안녕히 주무세요!
wǎn ān!

B: 晚安!　　　안녕히 주무세요!
wǎn ān!

단어

① 早上	zǎoshang	아침
② 晚上	wǎnshang	저녁
③ 晚安	wǎn ān	(잠자리에 들기 전 인사) 안녕히 주무세요.

단어해설

1) 早上好!와 早安!

중국 대륙과 대만에서의 아침 인사법은 다소 다르다. 대륙에서는 早上好! 라고 하지만 대만에서는 早安!이라고 한다.

*老师早!	lǎoshī zǎo!	선생님 안녕하세요?
*同学们早!	tóngxuémen zǎo	학생 여러분 안녕하세요?

2) 晚上好!와 晚安!

晚上好!는 잠자리 자기 전까지 저녁인사이다. 晚安!은 잠자리 들기전 인사이다. 영어의 good night!와 같다. 보통 중국에서 저녁 시간에 열리는 생방송 쇼프로를 보면 사회자가 처음으로 하는 인사는 다음과 같다.

各位观众, 晚上好!　　　시청자 여러분 안녕하십니까?

gèwèi guānzhòng, wǎnshang hǎo!

3) 晚安!

晚安!은 잠자리에 들기 전에 하는 인사말이다.

老师晚安! lǎoshī wǎn ān!

各位观众, 晚安! gèwèi guānzhòng wǎn ān!

이 말은 주로 저녁 생방송 쇼프로에서 사회자가 프로가 끝날 무렵에 주로 하는 인사말이다.

晚安의 발음표기 wan 'an의 표기는 다른 표기와 다른 이유는 첫 번째 발음 뒷부분의 an과 뒤에 오는 발음 an과 혼동하지 않기 위해 뒤의 발음 표기 앞에 "-"붙여 구분한다.

듣고 따라 하기 02-4.mp3

▶ 早

早上

早上好

晚上

晚上好

晚安

▶ zǎo

zǎoshang

zǎoshang hǎo

wǎn

wǎnshang

wǎnshang hǎo

wǎn ān

쓰기

早	
晚	
安	

문제풀이

1. 다음 그림을 잘 보고 상황에 맞는 인사말을 적으세요.

2. 다음 단어에 맞은 발음을 듣고 고르세요. 02-5.mp3

(1) 早上

① zaò shang ② záo shang ③ zǎo shang

(2) 晚安

① wǎn ān ② wān ān ③ wàn ān

3. 올바른 인사말이 아닌 것을 고르세요.

① 早！ ② 晚上好！ ③ 早安！ ④ 晚！

4. 다음 인사법의 발음법을 입력하세요.

(1) 좋은 아침!

(2) 안녕히 주무세요.

(3) 좋은 저녁!

5. 다음 인사법을 듣고 중국어를 입력하세요.

(1) 좋은 아침!

(2) 안녕히 주무세요.

(3) 좋은 저녁!

총정리

1. 好久不见！
   你工作忙吗？
   我工作忙。你呢？
   我(工作)不忙。

2. 早上好！
   早安！
   早！
   你早！ 老师早！ 同学们早！
   晚上好！
   晚安！

중국어 기초회화 1

3주차
처음 만남인사

학습내용

01 중국인과 처음 만남의 상황에 따른 간단한 인사

02 처음 만나 상대방의 이름을 묻는 인사법 배우기

학습목표

중국인과 처음 만남의 상황에서 성과 이름을 묻는 표현법을 배워 의사소통 목적을 달성

3주차 처음 만남인사

01 您贵姓? 성이 어떻게 되십니까? 03-1.mp3

A: 您是金先生吗?
nín shì jīn xiānsheng ma?
김선생님이신가요?

B: 是的, 我姓金, 叫大明。
shìde. wǒ xìng jīn, jiào dàmíng.
그렇습니다. 제 성은 김씨이고, 대명이라고 합니다.

您贵姓?
nín guìxìng?
당신 성함은 어떻게 되십니까?

B: 你好！认识你，很高兴。 안녕하세요? 만나서 반갑습니다.
nǐhǎo, rènshi nǐ, hěn gāoxìng.

A: 认识你，我也很高兴。 저도 만나서 반갑습니다.
rènshi nǐ, wǒ yě hěn gāoxìng.

단어

① 是	shì	~이다
② 贵姓	guìxìng	성씨(상대에 대한 존칭)
③ 叫	jiào	~라고 부르다.~을 부르다.
④ 是的	shìde	그렇다, 그렇습니다.
⑤ 先生	xiānsheng	남자에 대한 칭호
⑥ 认识	rènshi	알다
⑦ 高兴	gāoxìng	기쁘다

단어 해설

1) 是 : ~이다

A是B(A는 B이다)의 형태로 쓰여 주어와 목적어를 동격으로 이어주는 역할을 합니다.

* 我是老师。 wǒ shì lǎoshī. 나는 선생님이다.
* 我是韩国人。 wǒ shì hánguórén. 나는 한국 사람이다

2) 贵姓

贵는 '귀하다, 비싸다'라는 뜻이지만, 상대방의 성씨를 물을 때는 '姓' 앞에 '贵'를 붙여 상대방에 대한 예의를 표시합니다.

*贵国	guìguó	귀국(상대방의 나라에 대한 존칭)
*贵公司	guìgōngsiī	귀사
*贵校	guìxiào	귀교

3) 您贵姓?

您贵姓? 당신 성이 뭡니까?란 질문에 대한 답으로 다음과 같은 세 가지가 있습니다.

我姓王。	wǒ xìng wáng.	왕씨입니다.
我姓王, 叫小兰。	wǒ xìng wáng, jiào xiǎolán.	저는 왕씨이고, 이름은 샤오란이라고 합니다.
我叫王小兰。	wǒ jiào wáng xiǎolán.	저는 왕샤오란이라고 합니다.

4) 叫

상대방에게 본인의 이름을 알려줄 때는 일반적으로 동사 '叫'를 사용합니다. 그 외의 경우에는 단순히 '~을 부르다'라는 뜻으로 사용됩니다.

*我叫王小明。	wǒ jiào wáng xiǎomíng.	저는 왕샤오밍이라고 합니다.
*我叫他。	wǒ jiào tā.	나는 그를 불렀습니다.
*我叫他, 他不回答。	wǒ jiào tā, tā bù huídá.	나는 그를 불렀지만 그는 대답이 없습니다.

5) 先生

先生은 주로 성인 남성에 대한 호칭으로 사용됩니다. 그리고 상대방에게 본인의 남편을 소개할 때도 사용할 수 있습니다. 학생들을 가르치는 교사는 '老师'라고 해야 합니다.

* 金先生, 你好!	jīn xiānsheng, nǐhǎo?	미스터김, 안녕하세요?
* 他是我的先生。	tā shì wǒ de xiānsheng.	그는 제 남편입니다.
* 他是我的老师。	tā shì wǒ de lǎoshī.	그는 제 선생님입니다.

6) 연동문

'认识你, 很高兴。rènshi nǐ hěn gāoxìng. 이 문장은 '认识', '高兴'과 같은 술어가 연달아 출현한 문장입니다. 이런 문장을 연동문이라고 합니다. 위의 문장은 2개의 단문으로 이루어진 복합문입니다. 그리고 앞, 뒤 문장이 도치된 문장입니다.
(我)认识你。+(我)很高兴。=(我)认识你很高兴。=(我)很高兴认识你。

듣고 따라 하기 03-2.mp3

▶ 你是金先生吗?
李先生吗?
张先生吗?

▶ 我叫金大明。
王小兰。
张大焕。

▶ 我姓金，叫大明。

张， 国平。

朴， 大焕。

▶ nǐ shì jīn xiānsheng ma?

nǐ shì lǐ xiānsheng ma?

nǐ shì zhāng xiānsheng ma?

wǒ jiào jīn dàmíng.

wǒ jiào wáng xiǎolán.

wǒ jiào zhāng dàhuàn.

wǒ xìng jīn, jiào dàmíng.

wǒ xìng zhāng, jiào guópíng.

wǒ xìng piáo, jiào dàhuàn.

쓰기

是	
的	
叫	

贵姓	
认识	
高兴	
先生	

간체자와 번체자

认识 / 認識

贵 / 貴

兴 / 興

문제풀이

1. 보기에서 알맞은 단어를 골라 빈칸에 적으세요.

我	贵	叫

(1) 您(　)姓?　(2) 我(　)王小明。　(3) (　)姓金

2. 그림을 보고 대화를 완성하세요.

A: ______________?

B: 我姓______________, 叫______________。

见到你, 很高兴。

3. 밑줄 친 한국어를 중국어로 바꾸어 대화를 완성하세요.

(1) A: 您贵姓?

B: 저는 왕씨입니다.

(2) A: 你是金先生吗?

B: 그렇습니다. 我姓金, 叫大明。

(3) A: 认识你, 很高兴。

B: 당신을 알게 되어서 저도 매우 기쁩니다.

4. 어순에 맞게 나열하여 문장을 완성하세요.

(1) 名字 / 什么 / 你 / 叫

(2) 王先生 / 你 / 吗 / 是

(3) 我 / 你 / 高兴 / 很 / 也 / 认识

(4) 我 / 王 / 叫 / 小平 / 姓

02 你叫什么名字? 이름이 뭐니? (이름이 뭡니까?) 03-3.mp3

A: 你叫什么名字? 네 이름이 뭐니?
nǐ jiào shénme míngzi?

B: 我叫佳佳。见到您很高兴。 저는 쟈쟈라고 합니다. 만나서 반갑습니다.
wǒ jiào jiājia. jiàndào nín hěn gāoxìng.

A: 我也很高兴见到你。 나도 만나서 반갑다.
wǒ yě hěn gāoxìng jiàndào nǐ.

B: 老师, 您的大名是什么? 선생님, 존함이 어떻게 되세요?
lǎoshī, nín de dàmíng shì shénme?

A: 我姓张, 叫大卫。 나는 장따웨이라고 한다.
wǒ xìng zhāng, jiào dàwèi.

你认识他吗? 저 아이를 아니?
nǐ rènshi tā ma?

B: 认识。 — 알아요.
rènshi.

A: 他姓什么? — 저 아이는 성이 뭐니?
tā xìng shénme?

B: 他叫王平。 — 그는 왕핑이예요.
tā jiào wángpíng.

단어

① 什么	shénme	무엇 / 무슨
② 名字	míngzi	이름
③ 见到	jiàndào	만나다, 만나뵙다
④ 老师	lǎoshī	선생님(스승)
⑤ 的	de	~의
⑥ 大名	dàmíng	성함(존함)
⑦ 张	zhāng	장(성씨)
⑧ 大卫	dàwèi	따웨이(이름)

단어해설

(1) 什么 : 의문대명사

'什么'는 '무엇'이란 뜻의 의문대명사입니다. 영어의 'what' 과 비슷한 용법으로 사용되며, 간단하게 의문문을 만들 수 있습니다.

* 什么事？	shénme shì?	무슨 일이야?
* 什么书？	shénme shū?	무슨 책이야?

(2) 구조조사 的

명사나 대명사 뒤에 구조조사 '的'를 사용하여 '~의 라는 소유 또는 소속의 관계를 나타낼 수 있습니다.

* 我的学校。	wǒde xuéxiào.	나의 학교
* 我的老师。	wǒde lǎoshī.	나의 선생님

'的' 뒤에 오는 말이 출신이나 국적 또는 사용 빈도가 높은 친구나 가족 관계를 뜻하는 명사일 경우 '的'를 생략할 수 있습니다.

* 我的先生	wǒde xiānsheng	我先生	wǒ xiānsheng
* 我的妈妈	wǒde māma	我妈妈	wǒ māma

(3) 大名: 성함

예의를 갖춰 상대방의 이름을 물어볼 경우 '名字'대신 '大名'을 사용합니다. 그런데 상대방이 '您的大名是什么'라고 물었을 때 '我的大名是~'라고 대답하면 자신을 스스로 높이는 것이 되기 때문에 '大名'을 사용하면 안됩니다.

(4) 인칭대명사 사람을 가리키는 명사를 인칭대명사라고 합니다.

	1인칭	2인칭	3인칭
단수	我(wǒ)나	你(nǐ)너 您(nín)당신(존칭)	他(tā)그/ 她(tā)그녀/ 它(tā)그것(사물)
복수	我们(wǒmen)-우리	你们(nǐmen)너희	他们(tāmen)그들/ 她们(tāmen)그녀들/ 它们(tāmen)그것들

* 단수 인칭대명사 뒤에 '们'을 붙이면 복수 인칭대명사가 됩니다. 예를 들어 1인칭 단수 인칭대명사 '我' 뒤에 '们'을 붙이면 복수 인칭대명사 '我们'이 됩니다. 여기서 주의할 점은 2인칭 존칭 '您'의 복수형은 '您们'이 아니라 '你们'이라는 것입니다.

듣고 따라 하기 03-4.mp3

▶ 你姓什么?

他

她

▶ 你的大名是什么?

他

她

▶ 你叫什么?

他

她

▶ 你叫什么名字?

他

她

▶ nǐ xìng shénme?

wǒ xìng jīn.

nǐde dàmíngshì shénme?

wǒ jiào lǐ dàmíng.

nǐ jiào shénme ?

wǒ jiào jiājia.

nǐ jiào shénme míngzi?

wǒ jiào lìli.

쓰기

老师	
什么	
名字	
见	
到	
大名	
张	
大卫	

간체자와 번체자

师 / 師

学 / 學

什么 / 甚麼

卫 / 衛

张 / 張

문제풀이

1. 다음 빈칸에 알맞은 단어를 적으세요.

(1) 你叫(　　)名字？　　(2) 我(　　)王小明。

(3) 您(　　)姓？　　(4) 您的(　　)是什么？

2. 다음 단어에 알맞은 발음을 듣고 고르세요. 03-5.mp3

(1) 叫

① jiāo　② jiáo　③ jiǎo　④ jiào

(2) 什么

① shènme　② shénme　③ shěnme

(3) 名字

① mǐngzi　② míngzi　③ mīngzi

3. 어순에 맞게 나열하여 문장을 완성하세요.

(1) 什么 / 你 / 名字 / 叫

(2) 姓 / 大卫 / 张 / 叫 / 我

(3) 认识 / 他 / 吗 / 你

4. 그림과 제시어를 보고 교체 연습을 해보세요.

A: 你叫什么名字？

B: 我叫金大名(莉莉 / 李小英 / 张国荣)。

(1) 莉莉

(2) 李小英

(3) 张国荣

총정리

1) 您贵姓？ 我姓金。

2) 你姓什么？

我姓金, 叫大明。

我叫金大明。

3) 您的大名是？ 我叫金大明。

4) 你叫什么名字？ 我叫金大明。

5) 认识您, 很高兴。

중국어 기초회화 1

4주차
복습주차

학습내용

중국인과 처음 만남에서 시간 상황에 따른 간단한 인사들을 복습한다

학습목표

여러 가지 상황에서 벌어지는 중국인과의 인사법을 복습을 통해 확실히 익히는 것을 목표로 한다.

4주차 복습주차

핵심표현정리 04.mp3

01 첫 인사와 헤어지는 인사

안녕하세요!

A: 你好!
nǐ hǎo!

B: 你好!
nǐ hǎo!

안녕히가세요!

A: 再见!
zài jiàn!

B: 再见!
zài jiàn!

02 안부를 물을 때

안녕하세요?
(잘 지내셨어요?)

A: 你好吗?
nǐ hǎo ma?

B: 我很好。
wǒ hěn hǎo.

03 오랜만에 만났을 때

오랜만입니다!

A: 好久不见!
hǎo jiǔ bù jiàn!

B: 好久不见!
hǎo jiǔ bù jiàn!

04 근황을 물을 때

요즘 바쁘세요?

A: 你工作忙吗?
nǐ gōngzuò máng ma?

B: 我工作忙。
wǒ gōngzuò bù máng.

B: 我不忙。
wǒ bù máng.

05 건강을 물을 때

건강은 어떻습니까?

A: 你身体怎么样?
nǐ shēntǐ zěnmeyàng?

B: 我身体很好。
wǒ shēntǐ hěn hǎo.

06 아침 인사

좋은 아침입니다.

A: 早上好!
zǎoshang hǎo!

B: 早上好!
zǎoshang hǎo!

07 저녁인사

좋은 저녁입니다.

A: 晚上好!
wǎnshang hǎo!

B: 晚上好!
wǎnshang hǎo!

08 잠자리에 들 때

안녕히 주무세요!

A: 晚安!
wǎn ān!

B: 晚安!
wǎn ān!

09 성함이 어떻게 되시죠?

A: 您贵姓?
nín guìxìng?

您的大名是什么?
nín de dàmíng shì shénme?

你叫什么名字?
nǐ jiào shénme míngzi?

B: 我姓金。
wǒ xìng jīn.

我叫金大名。
wǒ jiào jīn dàmíng.

我姓金, 叫大名。
wǒ xìng jīn, jiào dàmíng.

10 반가움을 표현할 때

A: 认识你, 很高兴。
rènshi nǐ, hěn gāoxìng.

B: 认识你, 我也很高兴。
rènshi nǐ, wǒ yě hěn gāoxìng.

구문확장연습

01 你
你好！
你好吗？
你也好吗？

02 我
我好。
我很好。
我也很好。

03 身体怎么样？

身体好。
身体很好。
我身体很好。

学习怎么样？

学习好。
学习很好。
我学习很好。

生意怎么样？

生意好。
生意很好。
我生意很好。

04 忙。
我忙。
我不忙。

05 工作。
工作忙。
工作忙吗？
工作不忙。
我工作不忙。

구문치환연습

01 你是金先生吗?
　　王先生
　　李先生
　　张先生

02 你姓什么?
　他
　她

03 你的大名是什么?
　他
　她

04 你叫什么名字?
　他
　她

05 我叫金大明。
　　王小平
　　张大焕
　　李国平

06 我姓金, 叫大明。
　　张,　大焕
　　李,　国平
　　王,　小平

문법포인트

Point 1 제3성+제3성 → 제2성+제3성

你好 nǐ hǎo → ní hǎo

很好 hěn hǎo → hén hǎo

Point 2 제4성+제4성 → 반4성+제4성

会话 huì huà → huì huà

见面 jiàn miàn → jiàn miàn

Point 3 '不'는 본래 제4성이나 뒤에 제4성이 올 경우에는 제2성으로 변합니다.

不 bù+제1성 = 不吃 bùchī

不 bù+제2성 = 不如 bùrú

不 bù+제3성 = 不远 bùyuǎn

不 bù+제4성 = 不用 bùyòng

Point 4 인칭대명사 단수/복수

1인칭단수 我나

1인칭복수 我 + 们 = 我们 우리

문제풀이

1. 다음 중 헤어질 때 알맞은 인사말을 고르세요.

① 晚上好!　② 你身体怎么样?

③ 再见!　④ 你好!

2. 다음 '不'의 성조가 다른 것을 고르세요.

① 不吃　　② 不如　　③ 不远　　④ 不用

3. '不怎么样'의 의미로 적절한 것을 고르세요.

① 아무렇지도 않다　　② 아주 좋다
③ 그저 그렇다　　④ 아주 나쁘다

4. 이름을 묻는 표현으로 적당하지 않은 것을 고르세요.

① 你叫什么名字?　　② 你的大名是什么?
③ 您贵姓?　　④ 你是谁?

중국어 기초회화 1

5주차
저 사람은 누구?

학습내용

01 사람에 대한 질문과 답하기를 배우고

02 사물에 대한 질문과 표현을 익힌다

학습목표

의문대명사 중 사람과 사물을 묻는 의문대명사 용법 익히기

5주차 저 사람은 누구?

01 他是谁? 저 사람은 누구입니까? 05-1.mp3

A: 你好!
nǐ hǎo!
안녕하세요 !

B: 你好!
nǐ hǎo!
안녕하세요 !

A: 他是谁?
tā shì shéi?
그는 누구입니까?

B: 他是我的朋友。
tā shì wǒde péngyou.
그는 나의 친구입니다.

A: 她也是你的朋友吗?
tā yě shì nǐde péngyouma?
그녀는 당신의 친구입니까?

B: 是, 她也是我的朋友。
shì, tā yě shǐ wǒde péngyou.
네, 그녀는 나의 친구입니다.

A: 那么，他是不是你的朋友？
nàme tā shìbùshì nǐde péngyou?

그럼 그는 당신의 친구입니까, 아닙니까?

B: 他不是我的朋友。
tā bùshì wǒde péngyou.

그는 나의 친구가 아닙니다.

他是我的爱人。
tā shì wǒde àirén.

그는 나의 남편입니다.

단어

① 谁 shéi 누구(의문대명사)

② 朋友 péngyou 친구

③ 那么 nàme 그러면(접속사)

④ 爱人 àirén 배우자(남편, 아내)

단어해설

1) 谁 - 누구

'谁'는 '누구'라는 뜻의 의문대명사입니다. 의문대명사가 있는 문장은 의문문에 사용되는 의문조사 '吗'가 없어도 의문문이 됩니다. 즉 문장 중에 의문대명사가 있으면 의문조사는 사용하지 않습니다.

2) 爱人 - 남편, 아내

'爱人'은 우리 말의 '애인'의 개념과는 다릅니다. 중국에서는 결혼한 배우자(남편과 아내)를 가리켜 '爱人 '이라고 합니다.
남편을 지칭하는 '爱人'은 '先生(xiānsheng), 丈夫(zhàngfu)'를, 아내를 지칭하는 '爱人'은 '太太(tàitai),妻子(qīzi)'를 가리킵니다.

3) 정반의문문 是不是

중국어에서 의문문을 만드는 또 다른 방법으로 동사의 긍정과 부정을 반복하는 형태가 있습니다. 이것을 '정반의문문'이라고 하며 그 대표적 표현 방법 중 하나가 '是不是'입니다. 정반의문문에서 ' 吗, 呢' 또는 ' 什么, 怎么样, 谁'와 같은 의문사를 사용하지 않습니다.

你是不是金先生?(o) 당신은 김선생입니까?
你是不是金先生吗?(X)

* 의문문의 형태

~怎么样?	~어떻습니까?
~是~吗?	~입니까?
~什么/谁?	~무엇입니까? ~누구입니까?
~是不是~?	~입니까 아닙니까?

4) 那么 : ~그러면 / 그렇게

'那么' 가 접속사로 쓰이면 '그러면'의 의미로 문장의 맨 앞에 오고, 상태, 정도, 표시 등을 나타내는 대명사로 쓰이면 '그렇게, 그런'의 의미로 형용사 앞에서 뒤에 오는 형용사를 수식합니다.

那么, 我先走了。	nàme, wǒ xiān zǒu le.	그럼, 전 먼저 갈게요.(접속사)
来了那么多人。	lái le nàme duō rén.	그렇게 많은 사람이 왔습니다.(대명사)

듣고 따라 하기 05-2.mp3

▶ 他是我的朋友。

妈妈

爸爸

爱人

同事

▶ 他是不是你爸爸? 他不是我爸爸, 是我老师。

妈妈	妈妈,	姑姑。
爱人	爱人,	同事。
朋友	朋友,	爱人。

보충단어

① 妈妈 māma
② 爸爸 bàba
③ 朋友 péngyou
④ 同事 tóngshì

▶ tā shì wǒde péngyou.

tā shì bù shì nǐ lǎoshī?

tā shì wǒ tóngshì.

tā bùshì wǒ tóngshì, shì wǒ àirén.

tā bùshì wǒ lǎoshī, wǒ tóngshì.

쓰기

谁	
朋友	
爱人	
那么	

간체자와 번체자

谁 / 誰

爱 / 愛

문제풀이

1. 남편에 대한 호칭으로 적당하지 않은 것을 고르세요.

① 丈夫　　② 爱人　　③ 先生　　④ 老师

2. '的'를 생략해도 되는 것을 고르세요.

① 他是我妈妈的爸爸。

② 这是谁的？

③ 他是我的爸爸

④ 我买的书。

3. 그림과 제시어를 보고 밑줄 친 부분을 교체해서 연습해 보세요.

A: 他是不是你的朋友？
B: 他不是我的朋友, 他是我的爱人。

① 妈妈

② 老师

③ 同事

4. 다음 문장을 지문의 지시대로 바꾸세요.

(1) 他是你丈夫吗?

정반의문문 : ____________________

(2) 他是我的朋友。

부정문 : ____________________

02 那个是什么? 저 것은 뭐예요? 05-3.mp3

A: 你的英文书借我看一下。 내 영어책 좀 빌려줄 수 있겠니?
nǐde yīngwénshū jièwǒ kàn yīxià

B: 好的。 좋아.
hǎode

A: 哪个是英文书? 어느 것이 영어책이지?
nǎge shì yīngwénshū?

B: 等一下, 我找找看。 잠깐만. 내가 찾아볼께.
děngyīxià, wǒ zhǎozhao kàn

A: 这个是不是? 이것은 아니야?
zhège shìbùshì

B: 这个不是。 이것은 아니야.
zhège bùshì

A: 那个是什么? 저것은 뭐지?
nàge shì shénme?

B: 啊, 找到了。这个就是。 아! 찾았다. 바로 이것이야.
a, zhǎodàole. zhège jiùshì

단어

① 英文	yīngwén	영어, 영문
② 书	shū	책
③ 借	jiè	빌리다
④ 看	kàn	보다
⑤ 一下	yīxià	잠시
⑥ 哪个	nǎge	어느 것(의문대명사)
⑦ 等	děng	기다리다
⑧ 找	zhǎo	찾다

단어해설

1) 一下

'一下'는 '잠시, 잠깐'이라는 뜻입니다.
'동사 +一下'의 형식으로 쓰이면 '좀~해보다'라는 의미가 되어 어떤 일의 시도 혹은 동작의 지속을 나타냅니다.

你等一下。	nǐ děng yīxià.	잠깐만 기다리세요.
你找一下。	nǐ zhǎo yīxià.	좀 찾아보세요.

2) 哪 와 哪个

'哪'는 '어느, 어떤, 어디'의 뜻으로 일반적으로 혼자 쓰이지 않고 뒤에 수량사 혹은 양사를 수반합니다. 의문대명사 '哪'가 들어가는 문장에는 의문조사 '吗'를 사용할 수 없습니다.

哪个是我的书？ nǎge shì wǒ de shū? 어느 것이 나의 책입니까?

哪个是我的书吗？(X) nǎge shì wǒ de shū ma?

3) 找와 找到

'找'는 '찾다, (잔돈을)거슬러주다'라는 뜻을 가진 동사인데, 여기서 '찾다'라는 뜻으로 사용됩니다. '找到'에서 '到'는 찾다'라는 동작의 결과를 나타내고 있습니다.

4) 동사의 중첩

같은 동사를 두 번 중첩하여 사용하는 경우 그 형식이 다양합니다. 동사의 중첩은 '짧은 시간'이나 '좀~해보다'라는 의미를 나타내며, 부탁을 할 때는 어감을 부드럽게 하는 작용을 합니다.

(1) AA식 중첩

AA식 중첩은 단음절 동사의 연이은 중첩으로 뒤에 오는 동사는 경성이 됩니다.

找找	看看	等等
zhǎozhao	kànkan	děngdeng

(2) A一A식 중첩

A一A식 중첩은 중첩시킨 동사 사이에 ' 一 '를 넣는 경우를 가리키며, 이때 '一 '는 경성으로 발음합니다.

找一找	zhǎo yi zhǎo
看一看	kàn yi kàn
等一等	děng yi děng

5) 지시대명사 这와那

지시대명사에는 근칭을 나타내는 '这' 와 원칭을 나타내는 '那' 가 있습니다. '这(个)'는 '이것'이라는 뜻으로 'zhè(ge)'로 발음하며, '저것'이라는 뜻의 '那(个)는 nà(ge)혹은 nèi(ge) 로 발음합니다.

6) 啊

'啊'는 우리말의 '아!'에 해당하는 감탄사입니다. 평서문, 감탄문, 의문문 등에서는 문장 끝에 쓰여 화자의 말투를 부드럽게 하는 어기조사로도 쓰입니다.

是谁啊?	shì shéi a?	누구야? (어기조사)
啊! 找到了。	a ! zhǎo dàole.	아! 찾았다. (감탄사)

7) 就

'就'는 '바로, 틀림없이'라는 뜻으로 긍정을 강조하는 역할을 합니다. '就+是/在'의 형식으로 쓰여 강조나 긍정의 어기를 나타냅니다.

这就是我的家。	zhè jiùshì wǒde jiā.	여기가 바로 우리 집입니다.
他就在我的旁边。	tā jiù zài wǒde pángbiān.	그는 바로 내 옆에 있습니다.

듣고 따라 하기 05-4.mp3

▶ 看一下
等一下
吃一下
来一下

玩一下

▶ 找找看

等等

吃吃

玩玩

▶ 哪个是 英文书?

中文书?

韩文书?

▶ 那个是什么?

这个

▶ yīngwénshū jiè wǒ yīxià.

nǐde shū jiè wǒ yīxià.

▶ nǎge shì yīngwénshū.

děngyīxià.

wǒ zhǎozhao kàn.

zhège shìbùshì?

nàge shìbùshì?

zhǎodàole.

zhège jiùshì.

쓰기

书	
借	
看	
哪个	
等	
找	
这个	
啊	
就	

간체자와 번체자

书 / 書

这 / 這

个 / 個

문제풀이

1. 밑줄 친 부분에 대한 교체 연습을 해보세요.

> 你的<u>英文书</u>借我看一下。

(1) 中文书　　(2) 杂志　　(3) 录像带

2. 동사의 중첩으로 옳지 않은 것을 고르세요.

① 找找　　② 找一找　　③ 找找看　　④ 找看找看

3. 주어진 문장을 중국어로 작문하세요.

(1) 좀 기다리세요.

(2) 어느 것이 영어책입니까?

(3) 제가 찾아보겠습니다.

(4) 찾았다.

4. 어순에 맞게 나열하여 문장을 완성하세요.

(1) 什么 / 你 / 名字 / 叫

(2) 姓 / 大卫 / 张 / 叫 / 我

(3) 认识 / 他 / 吗 / 你

5. 그림과 제시어를 보고 교체 연습을 해보세요.

A: 你叫什么名字？

B: 我叫金大名(莉莉 / 李小英 / 张国荣)。

총정리

1. 他是谁？ 他是我的朋友。

他是你的朋友吗？ 他是我的朋友。(긍정)

他不是我的朋友。(부정)

他不是我的朋友, 他是我的同事。(부정)

2. 这个是什么？这个是英文书。

那个是什么？那个是中文书。

借我看一下。

等一下。

找找看/ 吃吃看/

China talk

대학 2학년 때 이야기입니다. 1학년 동안 갈고 닦은 실력으로 2학년 중급회화 첫 시간을 설레이는 마음으로 맞이했습니다. 중국인 선생님께서 두 사람씩 짝을 지워 내용을 계속 외우게 하였습니다. 제1과의 내용 첫 문장이 '您贵姓?, 我姓张。'이었습니다. 대학 1, 2학년들은 당시 타이완으로 연수를 떠나 중국인 친구들과 이야기할 기회가 있었습니다. 어느 날, 중국인 친구와 재미있게 대화를 나누고 있는데, 같이 연수간 친구 한명이 다가왔어요. 저는 중국인 친구에게 "他是我的朋友。" 라고 소개했습니다. 중국인 친구는 바로 제 친구에게 "您贵姓?"하고 물었습니다. 그런데 제 친구가 "我姓张。"이라고 대답하는 것이었습니다. 순간 너무 당황스러워서 눈이 휘둥그레졌습니다. 그 친구는 분명 김씨인데 왜 "我姓张。"이라고 대답했을까요? 나중에 그 이유를 물어보니 그 친구 말이 중국인과 처음 대화하는 자리가 너무 긴장되어 엉겁결에 그만……

중국어 기초회화 1

6주차
감사와 사과

학습내용

01 감사의 표현

02 사과의 표현

학습목표

감사와 사과 표현을 의문대명사 (who,why)와 지시대명사(이것, 저것)로 익히는 것을 목적으로 한다.

6주차 감사와 사과

01 谢谢你。감사합니다. 06-1.mp3

A: 这是谁的笔? 이것은 누구의 펜입니까?
zhè shì shuíde bǐ?

B: 那是我的。 그것은 저의 것입니다.
nà shì wǒde.

A: 这枝笔借我一下。 이 펜 좀 빌려주세요
zhè zhī bǐ jiè wǒ yīxià.

B: 好的。 좋습니다.
hǎode.

A: 谢谢。 고맙습니다.
xièxie.

B: 不谢。 뭘요.
bùxiè.

A: 这张纸也借一下。 이 종이도 빌려주세요.
zhè zhāng zhǐ yě jiè yīxià.

B: 好的。 네 그러세요.
hǎode.

A: 谢谢你。 감사합니다.
xièxie nǐ.

B: 不客气。 천만에요.
bùkèqi.

단어

① 笔	bǐ	펜
② 枝	zhī	~자루,대(연필,담배 등을 세는 양사
③ 张	zhāng	~장(종이 등을 세는 양사)
④ 纸	zhǐ	종이
⑤ 借	jiè	빌리다
⑥ 谢谢	xièxie	감사합니다
⑦ 不客气	bùkèqi	천만에요, 괜찮습니다.

단어 해설

1) 谢谢 : 감사합니다

상대방에 대한 감사와 표현으로 가장 널리 사용되는 표현입니다. 谢谢 뒤에 인칭대명사를 사용하여 '谢谢你'라고 사용하기도 합니다.

2) 不客气 : 천만에요

'谢谢'에 대한 답변으로 '不谢' 혹은 '不客气' 를 쓸 수 있습니다. 모두 '천만에요', '괜찮습니다'라고 할 수 있지만 약간의 차이점이 있습니다. '不谢'는 동년배 혹은 아랫사람에게는 괜찮겠지만 상대방이 자신보다 윗사람일 경우에는 예의 없어 보일 수 있습니다. 그러나 '不客气'는 아랫사람이나 윗사람 모두에게 사용할 수 있습니다.

3) 동사+ 一下 : ~해보세요

'一下'는 동사 뒤에서 보어로 쓰여 동보구조를 만들어 '한번', '1회'라는 뜻을 가진 수량사로 사용됩니다.

借一下	빌려보세요
吃一下	먹어 보세요
说一下	말해 보세요

4) 양사(量詞)

중국어에서는 사물의 성질과 형상에 따라 다양한 양사를 사용합니다. 일반적으로 사물의 수를 헤아릴 때는 / 수사 + 양사 + 명사의 형식을 사용합니다.

양사	성질	예문
本běn	서적류(~권)	一本书 yī běn shū 책 한 권 这本书 zhè běn shū 이 책 한 권
对duì	각기 다른 두 가지가 한 세틀 이룬 것(~쌍, ~세트)	一对夫妇 yī duì fūfu 부부 한 쌍
条tiáo	가늘고 긴 것	一条路 yī tiáo lù 길 하나
张zhāng	평평하고 넓은 것	一张纸 yī zhāng zhǐ 종이 한 장
枝zhī	필기구(~자루)	一枝笔 yī zhī bǐ 팬 한자루 这枝笔 zhè zhī bǐ 이 팬

듣고 따라 하기 06-2.mp3

▶ A: 这是谁的笔? B: 那是我的笔。

纸 纸

书 书

东西 东西

▶ 这枝笔借一下。

张纸

本书

▶ 借我一枝笔。

一张纸

一本书

▶ zhè shì shuíde bǐ?

zhè shì wǒde.

nà shì shuíde shū?

nà shì tāde shū.

zhè zhī bǐ jiè wǒ yīxià.

zhè zhāng zhǐ yě jiè yīxià.

hǎode.

xièxiè.

bùxiè.

bùkèqi.

Tip Tip Tip 잠깐만요!

'这枝笔借一下'와 '借我一枝笔'의 차이점

'这枝笔借一下'에서의 '笔'는 지시대명사 '这'를 사용하여 한정된 사물을 가리키므로 화자나 청자가 모두 어떤 팬을 가리키는지를 알고 있습니다. 그러나 '借我一枝笔'에서의 '笔'는 지정된 팬이 아닌 불특정 사물을 가리킵니다. 이렇게 지정된 사물인지 아닌지에 따라 문장의 어순이 달라집니다. '这枝笔借一下'는 '借一下这枝笔'라고 쓸 수도 있지만 '借我一枝笔'는 '一枝笔借我'라고 쓸 수 없습니다.

쓰기

笔	
枝	
张	
纸	
借	
谢客气	

간체자와 번체자

* 笔 / 筆

* 谢 / 謝

* 气 / 氣

문제풀이

1. 빈칸에 알맞은 문장을 넣어 대화를 완성하세요.

A: 谢谢你。

B: ______________。

① 很好　　② 不客气　　③ 再见　　④ 我很高兴

2. 빈칸에 들어갈 알맞은 양사를 골라 적으세요.

张 / 本 / 枝

(1) 一(　)笔　　(2) 一(　)纸　　(3) 一(　)书

3. 맞는 문장에는 ○, 틀린 문장에는 X 표시 하세요.

(1) 一枝笔借我。(　)

(2) 借我一本书。(　)

(3) 这枝书借我一下。(　)

(4) 借我一下这张纸。(　)

4. 다음 대화를 보고 적당한 그림을 고르세요.

A: 这本书借我一下。

B: 好的。

A: 这枝笔也借一下。

B: 好的。

A: 谢谢你。

① 펜그림

② 종이그림

③ 책그림

02 对不起。죄송합니다. 06-3.mp3

A: 对不起，我来晚了。
duìbùqǐ, wǒ lái wǎn le.
죄송합니다. 제가 늦었네요!

B: 你为什么来晚了？
nǐ wèishénme lái wǎn le?
왜 늦었습니까?

A: 半路上，我的车坏了。
bànlùshang wǒde chē huài le.
오다가 제 차가 고장이 났습니다.

B: 为什么坏了？
wèishénme huài le?
왜 고장이 났는데요?

A: 抛锚了，真对不起。
pāomáole. zhēn duìbùqǐ.
타이어가 펑크나 버렸어요.
정말 죄송합니다.

B: 没关系。 괜찮습니다.
méiguānxi.

단어

① 对不起	duìbùqǐ	미안하다
② 来	lái	오다
③ 为什么	wèishénme	왜(의문대명사)
④ 半路	bànlù	도중에
⑤ 车	chē	자동차
⑥ 坏	huài	고장나다
⑦ 抛锚	pāomáo	(타이어가)펑크나다
⑧ 真	zhēn	참, 진실로
⑨ 没关系	méiguānxi	괜찮다

단어해설

1) 对不起 : 미안합니다.

일상생활에서 상대방에게 실수를 하거나 잘못을 저질렀을 때 '对不起'라고 미안한 마음을 표현합니다. 남녀노소에 관계없이 가장 널리 사용하는 사과의 표현입니다.

2) 没关系 : 괜찮습니다

상대방의 사과에 대한 양해의 표현으로 '没关系'를 사용합니다. 비슷한 의미로 '没事儿'을 사용할 수도 있습니다. 그대로 직역하면 '관계없습니다', '일없습니다'가 되지만, '괜찮습니다'라는 의미로 이해하면 됩니다.

A: 对不起。 미안합니다.
duìbùqǐ.
B: 没关系。/ 没事儿 괜찮습니다.
méi guānxi / méi shìr.

3) 了의 용법

① 동작의 완성

문장 끝에 '了'를 사용하여 어떠한 동작이 이미 완성됐음을 나타냅니다.

来晚了。	lái wǎn le.	늦게 왔습니다.
说完了。	shuō wán le.	말을 다 했습니다.

② 상황의 변화

'了'의 용법은 매우 다양한데, 어떠한 동작의 완성 외에도 문장의 끝에 쓰여 어떤 사태나 상황이 변화한 것을 나타낼 수 있습니다.

感冒了。	gǎnmào le.	감기에 걸렸습니다.
车坏了。	chē huàile.	차가 고장났습니다.

4) 의문대명사 为什么 : 왜

이유나 원인을 묻는 의문대명사 '为什么'는 여러 가지 형식으로 사용되는데 가장 널리 사용되는 형식은 '为什么 + 동사 / 형용사'입니다.

他为什么哭?　tā wèishénme kū?　그는 왜 웁니까?
他为什么坏?　tā wèishénme huài?　그가 왜 나쁩니까?

상황에 따라 적절한 의문대명사를 사용하여 의문문을 만들 수 있습니다.

의문대명사	뜻
谁 shuí	누구
什么 shénme	무엇
怎么样 zěnmeyàng	어때요
为什么 wèishénme	왜

5) 부사 真 : 참, 진실로

강조의 표현으로 형용사 앞에 부사 '真'을 사용할 수 있습니다.

真好 참좋다　真坏 참 나쁘다　真快 참 빠르다
zhēn hǎo　zhēn huài　zhēn kuài

듣고 따라 하기 06-4.mp3

▶ A: 对不起。

B: 没关系。

A: 真对不起。

B: 没关系。

▶ 来晚了。

车坏了。

抛锚了。

▶ 你为什么来了？

去

走

▶ A: 你的车为什么坏了？

B: 我的车抛锚了。

▶ duìbùqǐ

wǒ láiwǎn le.

wèishénme láiwǎn le?

nǐ wèishénme láiwǎn le?

wǒde chē huài le.

wèishénme huài le?

bànlùshang wǒde chē huài le.

pāomáole.

zhēn duìbùqǐ.

méiguānxi.

쓰기

对不起	
来	
为什么	
半路	
车	
坏	
抛锚	
真	
没关系	

간체자와 번체자

* 对 / 對

为 / 爲

车 / 車

坏 / 壞

关 / 關

系 / 係

문제풀이

1. 다음 문장에 알맞은 발음을 골라 연결하세요.

(1) 半路上 ○	○ lái wǎn le
(2) 对不起 ○	○ chē huài le
(3) 来晚了 ○	○ bànlùshang
(4) 车坏了 ○	○ duìbùqǐ

2. 어순에 맞게 나열하여 문장을 완성하세요.

(1) 车 / 的 / 我 / 坏 / 了
(2) 你 / 来 / 为什么 / 晚了
(3) 晚 / 来 / 我 / 了

3. 그림과 제시어를 보고 교체 연습을 해보세요.

你为什么来晚了?

(1) 你的车 / 坏

(2) 他 / 感冒

(3) 你 / 哭

4. 보기에서 알맞은 단어를 골라 넣으세요.

怎么样 / 谁 / 坏 / 怀 / 真 / 为什么 / 对不起

(1) 他 (　　)来晚了？

(2) 他(　　)好。

(3) 他的车(　　)了。

(4) (　　), 我来晚了。

총정리

1) 지시대명사 : 这是/那是谁的笔？ 这是/那是~

借一下
吃一下
说一下

2) 감사의 표현

谢谢 → 不谢
谢谢 → 不客气

3) 사과의 표현

对不起。
没关系。

4) 의문대명사

谁 : 누구 　　　　　　你是谁? 谁的笔?

为什么 : 왜 　　　　　　为什么来晚了?

China talk

1원이면 됩니다.

필자가 대학 다닐 무렵은 1980년대 초, 중국과 수교하지 않은 상태로 타이완으로 연수를 가는 상태였습니다. 연수간 학생들이 오전 수업을 마치고 몇 몇이서 시내 구경을 하려고 버스를 탔습니다. 버스가 갑자기 급정거를 하자 유학생 중 한 사람이 중국인의 발을 밟고 말았습니다. 이 때 당연히 '对不起'라고 해야 하는데, 너무 당황한 나머지 '多少钱(duōshǎoqián)?'이라고 말해버렸습니다. 하지만 그 친구는 자신의 실수를 알아차리지 못했지요. 그런데 그 중국인은 빙그레 웃으면서 '一块钱就够了(yīkuàiqián jiù gòule)'라고 대답하였습니다. 순간 자신의 중국어가 잘못되었음을 알아차린 그 친구는 얼굴이 빨개져서 다음 정류장에서 황급히 내려버리고 말았습니다.

중국어 기초회화 1

7주차
요일과 날짜

학습내용

01 요일과 날짜 표현

02 숫자로 표현

학습목표

요일에 대한 표현과 숫자 표현법 익히기

7주차 요일과 날짜

01 今天星期几? 오늘은 무슨 요일입니까? 07-1.mp3

A: 今天星期几? jīntiān xīngqī jǐ	오늘은 무슨 요일입니까?
B: 今天星期一。 jīntiān xīngqī yī	오늘은 월요일입니다.
A: 那么, 明天是星期二吗? nàme, míngtiān shì xīngqī èr ma	그럼 내일은 화요일입니까?
B: 是的。 shìde	맞아요.

A: 你的生日是星期几? 당신 생일은 무슨 요일입니까?
nǐde shēngrì shì xīngqī jǐ

B: 后天，星期三。 모레, 수요일입니다.
hòutiān, xīngqī sān

단어

① **今天**	jīntiān	오늘
② **星期**	xīngqī	요일
③ **几**	jǐ	몇(10이하의 확실하지 않은 수)
④ **明天**	míngtiān	내일
⑤ **生日**	shēngrì	생일
⑥ **后天**	hòutiān	모레

단어해설

1) 今天 이후의 날짜 표기법

今天	明天	后天	大后天
Jīntiān	míngtiān	hòutiān	dàhòutiān
오늘	내일	모레	글피

2) 星期 = 礼拜 요일

'星期'는 '요일'이란 뜻으로 '星期'뒤에 1에서 6까지의 숫자를 차례대로 붙이면 월요일부터 토요일까지의 표현이 됩니다. 다만 일요일은 '星期' 다음에 숫자 7을 붙이는 것이 아니라 '星期天' 혹은 '星期日'라고 합니다. '星期'외에 '礼拜'를 사용하여 요일을 표현하기도 합니다.

星期一	星期二	星期三	星期四	星期五	星期六	星期天
xīngqīyī	xīngqīèr	xīngqīsān	xīngqīsì	xīngqīwǔ	xīngqīliù	xīngqītiān

礼拜一	礼拜二	礼拜三	礼拜四	礼拜五	礼拜六	礼拜天
lǐbàiyī	lǐbàièr	lǐbàisān	lǐbàisì	lǐbàiwǔ	lǐbàiliù	lǐbàitiān

3) 几—몇

날짜와 요일을 물을 때는 '몇'이라는 뜻의 의문대명사 '几'를 사용합니다. 일반적으로 '几'는 주로 10이하의 확실하지 않은 수를 물을 때 쓰이며, 그 이상의 수는 '多少'를 사용합니다.

今天几月几号?	jīntiān jǐyuè jǐhào?	오늘은 몇 월 며칠입니까?
今天星期几?	jīntiān xīngqī jǐ?	오늘은 무슨 요일입니까?
你有几个孩子?	nǐ yǒu jǐge háizi?	당신은 아이가 몇 명입니까?

4) 명사술어문

명사나 명사구 혹은 수량사가 동사 '是'없이 직접 술어가 되는 문장을 명사술어문이라고 합니다. 명사술어문은 일반적으로 시간이나 나이, 가격, 수량, 출신지, 날짜, 요일 등을 말할 때 사용합니다. 긍정문에서는 동사 '是'를 사용하지 않지만 부정할 때는 반드시 '是'를 사용해야 합니다.

• 他北京人。	tā běijīngrén	그는 북경 사람입니다. (출신지)
• 现在五点五分。	xiànzài wǔdiǎn wǔfēn	지금은 5시5분입니다. (시간)
• 明天星期三。	míngtiān xīngqīsān	내일은 수요일입니다. (요일)

5) 숫자

1에서 99까지 읽는 방법은 우리말과 같습니다.

一	二	三	四	五	六	七	八	九	十
yī	èr	sān	sì	wǔ	liù	qī	bā	jiǔ	shí

十一	十二	十三	二十	三十	五十	九十九	一百	千	万	亿
shíyī	shíèr	shísān	èrshí	sānshí	wǔshí	jiǔshíjiǔ	yìbǎi	qiān	wàn	yì

1000이상의 수는 '一百', ' 一千', ' 一万' 등처럼 '一'을 생략하지 않지만, '十'은 앞의 ' 一'를 생략합니다. 단, 앞에 다른 단위의 숫자가 있을 경우에는 생략하면 안됩니다.

315 三百一十五 (○) 三百十五 (X)
sānbǎi yīshí wǔ sānbǎi shí wǔ

중간에 비는 단위가 있으면 반드시 '零'을 붙입니다.

1500 一千五百 yīqiān wǔbǎi
1050 一千零五十 yīqiān líng wǔshí

듣고 따라 하기 07-2.mp3

▶ A: 今天星期几?
B: 今天星期三。
A: 明天星期几?
B: 明天星期四。
A: 你的生日是礼拜几?
B: 我的生日是礼拜天。

A: 明天是礼拜四吗?

B: 明天是礼拜四。

A: 今天是星期五吗?

B: 今天不是星期五, 是星期六。

▶ A: míngtiān xīngqī jǐ ?

B: míngtiān xīngqī wǔ.

A: hòutiān xīngqī jǐ?

B: hòutiān xīngqī liù.

A: nǐde shēngrì shì lǐbài jǐ?

B: wǒde shēngrì shì lǐbài tiān.

A: míngtiān shì lǐbài èr ma?

B: míngtiān shì lǐbài èr.

A: jīntiān shì lǐbài sān ma?

B :jīntiān bùshì lǐbàisān, shì lǐbàiliù。

쓰기

星期	
几	
礼拜	
今天	

明天	
后天	

간체자와 번체자

* 几 / 幾

后 / 後

礼 / 禮

문제풀이

1. 빈칸에 알맞은 단어를 적으세요.

今天 ⇒ (　　　) ⇒ 后天

2. 그림을 보고 빈칸에 적당한 단어를 넣어 대화를 완성하세요.

A: 你的生日是星期几?

B: 我的生日是＿＿＿＿＿＿。

월	화	수	목	금	토	일

3. 대화의 빈칸에 들어갈 알맞은 단어로 연결된 것을 고르세요.

A: 今天星期(　　)?
B: (　　)星期一。
A: 那么, (　　)是星期二吗?
B: 是的。
A: 你的(　　)是星期几?
B: 我的生日是后天, 星期三。

① 几 — 明天 — 今天 — 生日
② 几 — 今天 — 明天 — 生日
③ 几 — 明天 — 后天 — 生日

02 今天几月几号? 오늘은 몇 월 며칠입니까? 07-3.mp3

A: 今天几号?
jntiān jǐhào?
오늘은 며칠입니까?

B: 今天十三号。
jīntiān shísānhào.
오늘은 13일입니다.

A: 今天星期五吗?
jīntiān xīngqīwǔ ma?
오늘이 금요일입니까?

B: 今天不是星期五。 jīntiān bùshì xīngqīwǔ. — 오늘은 금요일이 아닙니다.

昨天是星期五。 zuótiānshì xīngqīwǔ. — 어제가 금요일이었습니다.

A: 星期天是几月几号? xīngqītiān shì jǐyuè jǐhào? — 일요일은 몇 월 며칠입니까?

B: 星期天八月十四号。 xīngqītiān bāyuè shísìhào. — 일요일은 8월 14일입니다.

단어

① 号	hào	일
② 昨天	zuótiān	어제
③ 月	yuè	월

단어해설

1) 연. 월. 일. 요일 쓰는 법

날짜를 표시하는 연.월.일.요일을 쓰는 순서는 다음과 같습니다.
2013年 4月 8日 星期六

(1) 연도 읽는 법: 연도를 읽을 때는 각각의 숫자를 읽어줍니다.
1988년 一九八八年 yī jiǔ bā bā nián
1998년 一九九八年 yī jiǔ jiǔ bā nián
2000년 二零零零年/ 两千年 èr líng líng líng nián / liǎng qiān nián
2013년 二零一三年 èr líng yī sān nián

(2)
달, 월은 '月'로, 일은 '号'로 표기하여 날짜를 가리킵니다. '号'는 '日'과 같은 뜻으로 사용되는데, '号'는 구어체에서 많이 쓰이고, '日'은 서면어에서 많이 사용됩니다.
10월 20일 十月二十号 十月二十日

(3) 날짜 및 요일 묻는 법

几号?	jǐhào	며칠입니까?
几月几号?	jǐyuè jǐhào	몇 월 며칠입니까?
星期几?	xīngqī jǐ ?	무슨 요일입니까?
几月几号星期几?	Jǐyuè jǐhào xīngqī jǐ ?	몇 월 며칠 무슨 요일입니까?

今天 전후의 날짜 표기법

前天	昨天	今天	明天	后天
qiántiān	zuótiān	jīntiān	míngtiān	hòutiān
그제	어제	오늘	내일	모레

듣고 따라 하기 07-4.mp3

▶ A: 今天几号?

B: 今天八号。

A: 明天几号?

B: 明天十六号。

A: 今天几月几号?

B: 今天十月三十号。

A: 后天几月几号?

B: 后天十二月二十九号。

A: 明天几月几号星期几?

B: 明天五月十二号星期六。

A: 昨天几月几号星期几?

B: 昨天九月八号礼拜天。

▶ A: jīntiān jǐ hào?

B: jīntiān bā hào.

A: míngtiān jǐ hào?

B: míngtiān shí liù hào.

A: jīntiān jǐ yuè jǐ hào?

B: jīntiān shí yuè sān shí hào.

A: hòutiān jǐ yuè jǐ hào?

B: hòutiān shí èr yuè èr shí jiǔ hào.

A: míngtiān jǐ yuè jǐ hào xīng qī jǐ?

B: míngtiān wǔ yuè shí èr hào xīng qī liù.

A: zuótiān jǐ yuè jǐ hào xīng qī jǐ?

B: zuótiān jiǔ yuè bā hào lǐ bài tiān.

쓰기

昨天	
月	
号	

간체자와 번체자

* 号 / 號

문제풀이

1. 달력을 보고 물음에 답하세요.

A: 今天几月几号?

B: ____________________。

2. 보기 문장을 기준으로 하여 맞는 문장에는 (○), 틀린 문장에는 (×)를 표시하 세요.

今天十月二十一号星期六。

(1) 昨天是十月二十二号星期五。　　( )

(2) 明天是十月二十二号星期六。　　( )

(3) 后天是十月二十三号星期一。　　( )

3. 다음 대화를 완성하세요.

(1) A: ____________________

B: 今天星期三。

(2) A: ____________________

B: 今天不是六月二十八号。

4. 다음 숫자를 중국어로 적으세요.

(1) 17

(2) 857

(3) 409

(4) 1004

총정리

1.

1) 昨天-今天-明天-后天

2) 星期(礼拜)一, 二, 三, 四, 五, 六, 七

3) 今天星期几?

4) 零, 十, 二十, 三十, ……, 百, 千, 万, 亿

2.

1) 几月几号?

2) 年:2013年

3) 月:5月

4) 日(号):29日(号)

중국어 기초회화 1

8주차
복습주차

학습내용

5, 6, 7주차에서 학습한 주요 내용들을 다시 복습하는 내용이다.

학습목표

복습을 통하여 배운 내용에 대해 자유롭게 표현하기.

8주차 복습주차

핵심표현정리 08.mp3

01 누구인지를 물을 때

그는 누구입니까?

A: 他是谁?
tā shì sheí ?

B: 他是我的朋友。
tā shì wǒ de péngyou.

02 물건을 빌릴 때

책 좀 빌려주세요.

A: 书借我一下。
shū jiè wǒ yīxià.

B: 好的。
hǎode.

03 무엇인지를 물을 때

이것이 무엇입니까?

A: 这 (个) 是什么?
zhè(ge) shì shénme?

B: 这 (个) 是书。
zhè(ge) shì shū.

저것은 무엇입니까?

A: 那 (个) 是什么?
nà (ge) shì shénme?

B: 那 (个) 是英文书。
nà (ge) shì yīngwénshū.

04 누구의 것인지를 물을 때

이것은 누구의 것입니까?

A: 这是谁的?
zhèshì sheíde?

B: 这是我的。
zhèshì wǒ de.

저것은 누구의 것입니까?

A: 那是谁的?
nàshì sheíde?

B: 那是我的。
nàshì wǒ de.

05 감사할 때

감사합니다.

A: 谢谢。
xièxie.

B: 不谢。
bùxiè.

B: 不客气。
bùkèqi.

06 미안해 할 때

죄송합니다.

A: 对不起。
duìbùqǐ.

B: 没关系。
méiguānxi.

07 이유를 물을 때

为什么 + 동사 / 형용사
왜~합니까?

A: 车为什么坏了?
chē wèishénme huài le?

B: 抛锚了。
pāomáo le.

08 요일을 물을 때

오늘은 무슨 요일입니까?

A: 今天星期几?
jīntiān xīngqī jǐ?

B: 今天星期一。
jīntiān xīngqī yī.

09 날짜를 물을 때

오늘은 몇 월 며칠입니까?

A: 今天几月几号?
jīntiān jǐ yuè jǐ hào?

B: 今天八月十三号。
jīntiān bāyuè shísān hào.

구문확장연습

01 朋友
我的朋友
他是我的朋友。
他不是我的朋友。

02 英文书
英文书借我。
英文书借我一下。
你的英文书借我一下。

03 谁?
谁的?
这是谁的?
这是谁的笔?

04 晚
来晚了。
我来晚了。

05 看一下

借我看一下。

中文书借我看一下。

你的中文书借我看一下。

06 几

星期几?

今天星期几?

几月几号星期几?

今天几月几号星期几?

구문치환연습

01 他是我的朋友。

妈妈

爸爸

爱人

同事

02 他是不是你爸爸?

妈妈

爱人

朋友

老师

03 他不是我朋友, 是我爱人。

我爸爸

我老师

我同事

04 看一下。
等
吃
来
玩

05 哪个是英文书？
中文书
韩文书

06 借我一支笔。
一张纸
一本书

07 几月几号？ 一月十三号
十月十三号。
二月二十九号。
十二月二十九号。

08 明天几月几号星期几？ 明天三月七号星期三。
昨天 昨天 星期三
今天 今天 星期四
后天 后天 星期六

문법포인트

Point 1 동사의 중첩

找找 / 看看 / 等等

= 找一找 / 看一看 / 等一等

Point 2 의문대명사

谁 누구　　　什么 무엇

怎么样 어때요　为什么 왜

지시대명사

这(个)이것　　那(个) 저것

Point 3 숫자, 날짜, 요일

一	二	三	四	五	六	七	八	九	十
yī	èr	sān	sì	wǔ	liù	qī	bā	jiǔ	shí
1	2	3	4	5	6	7	8	9	10

前天	昨天	今天	明天	后天
qiántiān	zuótiān	jīntiān	míngtiān	hòutiān
그제	어제	오늘	내일	모레

星期天	星期一	星期二	星期三	星期四	星期五	星期六
一	二	三	四	五	六	七
八	九	十	十一	十二	十三	十四
十五	十六	十七	十八	十九	二十	二十一
二十二	二十三	二十四	二十五	二十六	二十七	二十八
二十九	三十	三十一				

문제풀이

1. '他是不是你的朋友'와 의미가 같은 문장을 고르세요.

① 他是你的朋友吗?　② 他不是你的朋友。
③ 他是我的朋友。　④ 他是你的朋友。

2. 빈칸에 들어갈 양사를 바르게 연결한 것을 고르세요.

这(　)笔借我一下。
这(　)纸也借一下。

① 支, 本　② 张, 支　③ 本, 张　④ 支, 张

3. '谢谢'의 대답으로 적합하지 않은 것을 고르세요.

① 不谢　② 很高兴　③ 不客气　④ 不用谢

4. 오늘은 수요일입니다. 그럼, 모레는 무슨 요일일까요?

① 星期二　② 星期三　③ 星期四　④ 星期五

5. '일요일'의 표현으로 적합하지 않은 것을 고르세요.

① 礼拜天　② 星期日　③ 星期七　④ 星期天

China Talk

열정적인 북방인과 내성적인 남방인

나라마다 지방의 특성을 살린 속어나 속담이 있게 마련입니다. 중국에도 지방의 특성으로 사람이나 사물, 상황 등을 표현한 속어나 속담이 많습니다.

北方找男人, 南方找女人。
여자친구는 남쪽에서 찾아야 하고,
남자친구는 북쪽에서 찾아야 한다.
北方出皇帝, 南方出商人。
북쪽에서는 황제가 나고, 남쪽에서는 상인이 난다.

우리는 이런 속담을 통해서 중국의 남방인과 북방인의 기질을 엿볼 수 있습니다. 일반적으로 북방인은 통쾌하고 열정적이며 외향적인 성격을 지닌 데 반해, 남방인은 내성적이며 세심하고 침착하여 계산을 잘 한다고 하는군요.

이러한 기질적 특성은 많은 요인이 복합적으로 작용한 결과지만, 지리적 요인과 기후적 요인으로 크게 나눌 수 있습니다.

먼저 지리적 요인을 살펴볼까요? 북쪽 지방은 산이 적고 광활한 평원이 끝없이 펼쳐져 있기 때문에 대범한 성격을 지니게 되는 반면, 남쪽 지방은 산이 많아 협소한 땅에 농사를 지어야 하기 때문에 자연스레 작은 일도 요모조모 생각하는 신중한 성격을 갖게 되었다고 하는군요.

다음은 기후적 요인입니다. 남쪽 지방은 비교적 온화하고 습도가 높아 사람들의 성격이 조용하고 감정이 풍부한 반면, 북쪽 지방은 춥고 건조한데다 모래바람도 많이 불어 사람들의 성격이 다소 거칠고 투박하다고 합니다.

물론 이러한 말이 모두 다 옳다고는 볼 수 없지만 북방 문화를 대표하는 자금성, 만리장성, 병마용 등이 웅장하고 활기찬 남성다운 멋을 지녔다면, 항저우(杭州), 시후(西湖), 꾸이린(桂林) 등의 산수는 섬세하고 우아한 여성스러운 멋을 지녔음을 부인할 수 없습니다.

중국어 기초회화 1

9주차
얼마에요

학습내용

01 필요한 물건을 상점에서 사는 표현을 배운다.

02 물건을 살 때 흥정하는 표현을 익힌다.

학습목표

물건을 사고, 흥정하는 표현 익히기.

9주차 얼마에요

01 你要买什么? 무엇을 사려고 하세요? 09-1.mp3

A: 小姐, 你要买什么? 아가씨, 무엇을 사려고 하세요?
xiǎojiě, nǐ yào mǎi shénme?

B: 我要买一瓶矿泉水。 생수 한 병 사려고요.
wǒ yào mǎi yīpíng kuàngquánshuǐ.

A: 你还要什么? 더 필요한 거 있어요?
nǐ háiyào shénme?

B: 我还要两个鸡蛋, 一瓶牛奶。 달걀 두 개랑 우유도 한 병 주세요.
wǒ háiyào liǎngge jīdàn, yīpíng niúnǎi.

A: 还要吗?
háiyào ma?

또 필요한 거 있어요?

B: 不要了。
bùyào le.

없어요.

단어

① 小姐	xiǎojiě	아가씨
② 要	yào	원하다, 바라다
③ 买	mǎi	사다
④ 瓶	píng	~병(양사)
⑤ 矿泉水	kuàngquánshuǐ.	생수
⑥ 还	hái	또
⑦ 两	liǎng	둘, 이
⑧ 个	ge	~개, ~명(양사)
⑨ 鸡蛋	jīdàn	계란
⑩ 牛奶	niúnǎi	우유

단어해설

1) 小姐 : 아가씨

'小姐'는 결혼하지 않은 미혼 여성에 대한 호칭으로 영어의 '미스'와 비슷하게 이해하면 된다.

2) 要 :~원하다 / ~하려고 하다

'要'는 동사나 조동사로 쓰인다. 동사로 쓰일 경우에는 '바라다, 원하다' 란 뜻으로 명사를 목적어로 취하며, 조동사로 쓰일 경우에는 '~하려고 하다' 라는 뜻으로 강한 의지를 나타낸다.

我要苹果。	wǒ yào píngguǒ.	저는 사과를 원합니다.
我要买苹果。	wǒ yào mǎi píngguǒ.	저는 사과를 사려고 합니다.

3) 양사 个

'个'는 다른 양사와는 달리 사물이나 사람 모두에 다양하게 사용할 수 있다.

这个人	zhè ge rén	이 사람
一个苹果	yīge píngguǒ	사과 한 개

4) 부사还 : ~또

'还'는 여러 가지 뜻이 있는데 여기서는 '또, 더'라는 의미로 수량의 증가 또는 범위의 확대를 나타낸다.

他要牛奶, 还要矿泉水。　　그는 우유도 원하고 또한 생수도 원합니다.
tā yào niúnǎi , háiyào kuàngquánshuǐ.
他有姐姐, 还有妹妹。　　그는 누나도 있고 또 여동생도 있습니다.
tā yǒu jiějie, hái yǒu mèimei.

5) 수사 二 과 两

'二' 과 '两'은 모두 숫자 2를 나타낸다. 10 이하의 숫자로 양사 앞에 쓰이면 '两' 을 사용해야 하며, 10 이상의 숫자인 경우에는 '二' 을 사용한다. 단, '千', '万', '亿'앞에서는 '两'을 많이 사용한다.

两个鸡蛋	liǎngge jīdàn	계란 두 개
两瓶牛奶	liǎngpíng niúnǎi	우유 두 병
十二个人	shíèrge rén	12명
二十头牛	èrshítóu niú	소 20마리
两千三百个苹果	liǎngqiān sānbǎige píngguǒ	사과 2300개

듣고 따라 하기 09-2.mp3

▶ A: 你要买什么?

B: 我要买一瓶矿泉水。

▶ A: 你还要什么?

B: 我还要两个鸡蛋。

▶ A: 你要买什么?

B: 我还要买一瓶牛奶。

▶ A: 还要吗?

B: 不要了。

▶ A: nǐ yào mǎi shénme?

B: wǒ yào mǎi yīpíng kuàngquánshuǐ.

A: nǐ háiyào shénme?

B: wǒ háiyào liǎngge jīdàn, yīpíng niúnǎi.

A: nǐ yào mǎi shénme?

B: wǒ háiyào yīpíng niúnǎi

A: háiyàoma?

B: búyào le.

쓰기

要	
买	
还	
两	
个	
鸡蛋	
瓶	
牛奶	

矿泉水

문제풀이

1. 빈칸에 들어갈 양사를 적으세요.

(1) 我要两(　　)鸡蛋。　　　　(2) 我要三(　　)矿泉水。

2. 다음 문장을 보고 알맞은 그림을 고르세요.

我今天买了两个鸡蛋，三瓶矿泉水，一个苹果。

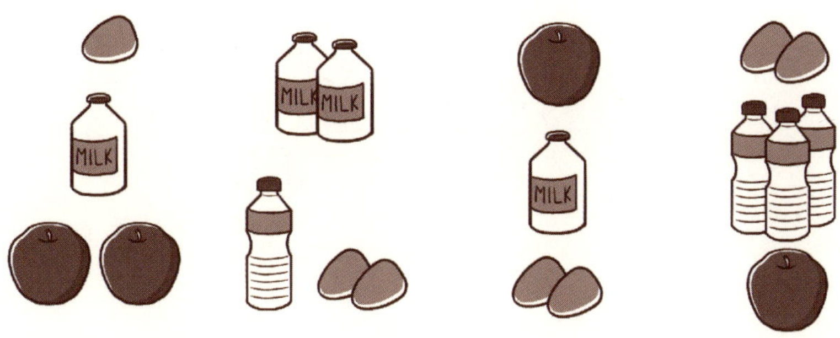

①　　②　　③　　④

3. 밑줄 친 한국어를 중국어로 바꾸어 대화를 완성하세요.

(1) A: 你要买什么?

B: 저는 생수 한 병을 사려고 합니다 .

(2) A: 你还要什么?

B: 저는 달걀 두 개가 더 필요합니다.

4. 어순에 맞게 나열하여 문장을 완성하세요.

① 你 / 什么 / 要 / 买　　② 我 / 要 / 矿泉水 / 买 / 瓶

③ 要 / 你 / 什么 / 还　　④ 我 / 两个 / 还 / 鸡蛋 / 要

02 多少钱? 얼마예요? 09-3.mp3

A: 老板，这个多少钱?　　아저씨, 이것은 얼마예요?
lǎobǎn, zhège duōshǎo qián?

B: 三万五千块。　　35,000원 입니다.
sān wàn wǔ qiān kuài.

A: 太贵了。便宜一点儿吧。　　너무 비싸요. 조금만 깎아주세요.
tài guì le, piányi yīdiǎnr ba.

B: 对不起，我们这里不二价。　　미안합니다. 저희는 정찰제입니다.
duìbùqǐ, wǒmen zhèlǐ bùèrjià.

A: 那么，那个怎么卖？
nàme, nàge zěnme mài?

그럼, 저건 얼마예요?

B: 那个卖一万两千块。
nàge mài yī wàn liǎng qiān kuài.

저건 12,000원 입니다.

단어

① 老板	lǎobǎn	주인
② 多少	duōshao	얼마
③ 钱	qián	돈
④ 万	wàn	만
⑤ 千	qiān	천
⑥ 块	kuài	원(돈의 단위)
⑦ 太	tài	너무
⑧ 贵	guì	비싸다
⑨ 便宜	piányi	싸다
⑩ 一点儿	yīdiǎnr	약간, 조금
⑪ 吧	ba	문장 뒤에서 청원. 명령. 재촉 등을 나타냄(어기조사)
⑫ 这里	zhèlǐ	여기
⑬ 不二价	bùèrjià	정찰제, 정찰가
⑭ 怎么	zěnme	어떻게
⑮ 卖	mài	팔다

단어해설

1) 多少: 얼마

'多少 '는 '얼마'라는 뜻으로 수량을 묻는 표현이다. 10 이하의 수량인 경우는 '几'를 사용하고 그 외의 경우에는 '多少'를 사용한다.

	多少	几
공통점	얼마, 몇 을 뜻한다.	
차이점	10 이상의 수를 물을 때 사용한다	10 이하의 수를 물을 때와 十, 百, 千, 万, 亿 등의 숫자 앞에 쓰인다.

＊你带了多少钱? nǐ dài le duōshao qián? 당신은 돈을 얼마나 가지고 오셨나요?

＊这孩子十几岁了? zhè háizi shí jǐ suì le ? 이 아이는 열 몇 살인가요?

2) 수사 百, 千, 万

⑴ 百 : 백

520 五百二十 wǔ bǎi èr shí

⑵ 千 : 천

1000 一千 yīqiān

2000 两千 liǎngqiān

3000 三千 sānqiān

4000 四千 sìqiān

3130 三千一百三十 sānqiān yībǎi sānshí

⑶ 万 : 만

10000 一万 yīwàn

20000 两万 liǎngwàn

30000 三万 sānwàn

40000	四万	sìwàn

3) 화폐 단위 읽기

중국의 화폐 단위는 '元, 角, 分'과 '块, 毛, 分'의 두 가지가 있다. 보통 문어체에서는 전자를 사용하고 일상적인 대화에서는 후자를 사용한다.

중국 화폐단위 (人民币, rénmínbì)			
구어체	块(kuài)	毛(máo)	分(fēn)
문어체	元(yuán)	角(jiǎo)	分(fēn)

1元 = 10角	1角 = 10分
1.2元 (块)	一元二角(yīyuán èrjiǎo)
	一块二毛(yīkuài èrmáo)
36.3元(块)	三十六元三角(sānshíliù yuán sānjiǎo)
	三十六块三毛(sānshíliù kuài sānmáo)

4) 정도부사 太 : 너무

'太'는 정도를 표현하는 정도부사로 '심한, 아주' 라는 뜻이다. '太'앞에 부정부사 '不'를 붙이면 부분 부정으로 '그다지 ~하지 않다'라는 뜻이 된다.

太贵	tàiguì	너무 비싸요
不太贵	bútài guì	그다지 비싸지 않아요

5) 一点儿 : 약간, 조금

'一点儿'은 '약간, 조금' 이라는 뜻으로 정확한 수량을 가늠하지 못할 때 쓰이며 주로 일상회화에 많이 사용된다.

便宜一点儿吧!	piányi yīdiǎnr ba!	좀 싸게 해 주세요!
买了一点儿东西。	mǎile yīdiǎnr dōngxi.	물건을 좀 샀습니다.

6) 어기조사 吧

문장 끝에 어기조사 '吧'를 사용하여 청원이나 재촉, 명령, 권유의 어기를 나타낸다.

便宜一点儿吧!	piányi yīdiǎnr ba!	조금 싸게 해 주세요! (청원)
快走吧!	kuài zǒu ba!	빨리 갑시다! (재촉)
你去吧!	nǐ qù ba!	당신이 가세요! (명령)
你吃一吃吧!	nǐ chīyichī ba!	좀 드셔보세요! (권유)

7) 지시대명사 这里 와 这儿 : 여기

'这里'는 '이것'을 뜻하는 지시사 '这'에 '里'를 붙여서 '여기'라는 장소를 나타내는 지시대명사로 쓰인다. '这儿'도 동일한 뜻으로 일상회화에서는 '这儿'을 많이 사용한다.

这里 = 这儿 여기　　　　那里 = 那儿 저기

这儿(这里)有学校。　　여기에 학교가 있습니다.
zhèr (zhèlǐ) yǒu xuéxiào.

那儿(那里)有饭店。　　저기에 호텔이 있습니다.
nàr (nàli) yǒu fàndiàn.

듣고 따라 하기 09-4.mp3

▶ 35 三十五

98 九十八

297 两百九十七

389 三百八十九

1347 一千三百四十七

3886 三千八百八十六

12768 一万两千七百六十八

23857 两万三千八百五十七

▶ A: 这个多少钱?

B: 这个三百五十块。

▶ A: 那个多少钱?

B: 那个六万七千四十三块。

▶ A: 太贵了。

B: 不贵。

▶ A: 便宜一点儿吧。

B: 不二价。

这里不二价。

我们这里不二价。

▶ A: 那个怎么卖?

B: 那个一万两千块。

那个卖一万两千块。

▶ sān shí wǔ

jiǔ shí bā

liǎng bǎi jiǔ shí qī

sān bǎi bā shí jiǔ

yī qiān sān bǎi sì shí qī

sān qiān bā bǎi shí liù

yīwàn liǎng qiān qībǎi liùshí bā

liǎng wàn sān qiān bā bǎi wǔshíqī

▶ A: zhège duōshǎo qián?

B: zhège sānbǎi wǔshí kuài。

▶ A: nàge duōshǎo qián ?

B: nàge liùwàn qīqiān sìshí sānkuài.

▶ A: tài guìle.

B: bùguì. 。

▶ A: piányi yīdiǎnr ba.

B: bùèrjià.

zhèlǐ bùèrjià.

wǒmen zhèlǐ bùèrjià.

▶ A: nàge zěnme mài?

B: nàge yīwàn liǎngqiān kuài.

nàge mài yīwàn liǎngqiān kuài.

쓰기

钱	
老板	
还万	
块	
便宜	
吧	
这里	

价	
卖	

문제풀이

1. 빈칸에 적당한 단어를 채워 문장을 완성하세요.

(1) 这个(　　)钱？　　(2) 便宜(　　)吧。

(3) 那个(　　)卖？

2. 그림을 보고 대화를 완성하세요.

(1) A: 两个鸡蛋多少钱？

B: ____________________

(2) A: 这本书多少钱？

B: ____________________

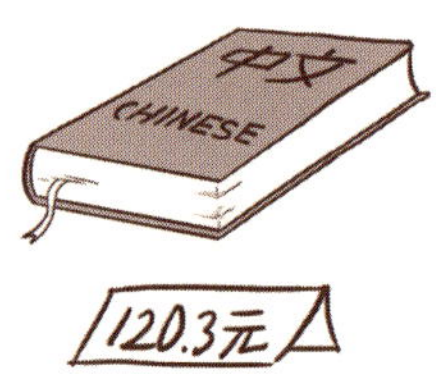

3. 다음 숫자를 중국어로 고치세요.

(1) 497　　(2) 62　　(3) 387

(4) 27143　　(5) 1795

4. 어순에 맞게 나열하여 문장을 완성하세요.

(1) 一点儿 / 便宜 / 吧
(2) 我们 / 不二价 / 这里
(3) 怎么 / 那个 / 卖?
(4) 一万 / 那个 / 卖 / 两千 / 块

China Talk

닭은 계란의 엄마?

베이징에서 생활할 때의 이야기입니다. 평소에 잘 알고 지내던 주재원 부인이 무더운 여름날 가족의 건강을 위해 삼계탕을 끓여먹으려고 재래시장에 직접 닭을 사러 갔습니다. 적당한 가게를 골라 들어가서 주인에게 닭이 있는지 물으려고 하는 순간, 계란은 중국어로 생각이 나는데 닭은 뭐라고 하는지 도무지 떠오르지 않았답니다. 그때 주인이 "你要买什么?"라고 중국어로 묻자, 부인은 용기를 내어 "鸡蛋妈妈在吗?(계란 엄마가 있나요?)"라고 물었습니다. 그 말을 들은 주인이 과연 뭐라고 대답했을까요? 사람 좋게 생긴 주인이 빙그레 웃으면서 "鸡蛋妈妈不在, 鸡蛋爸爸在。(계란 엄마는 없고, 계란 아빠는 있어요.)"라고 대답했답니다.

중국어 기초회화 1

10주차
지금 몇 시?

학습내용

01 시간에 대한 표현 익히기와 의문대명사를 이용한 표현법 익히기.

02 "언제"라는 의문대명사를 이용한 다양한 표현법을 학습한다.

학습목표

시간, 숫자, 의문대명사의 활용법 익히기

10주차 지금 몇 시?

01 现在几点？ 지금 몇 시예요? 10-1.mp3

A: 妈！现在几点？ 어머니! 지금 몇 시예요?
mā ! xiànzài jǐdiǎn?

B: 现在六点十分了。 지금 6시 10분이다.
xiànzài liù diǎn shífēn le.

你几点上班？ 너 몇 시에 출근하니?
nǐ jǐdiǎn shàngbān?

A: 我七点出门。 7시에 나가야 돼요.
wǒ qīdiǎn chūmén.

B: 那么，你几点吃早饭
nàme, nǐ jǐdiǎn chī zǎofàn?
그럼 아침은 언제 먹을 거니?

A: 六点半。
liù diǎn bàn.
6시 반에 먹을게요.

B: 你晚上几点回来？
nǐ wǎnshang jǐdiǎn huílái?
저녁에는 몇 시에 올 거니?

A: 七点一刻回来。
qīdiǎnyīkè huílái.
7시 15분에 올게요.

단어

① 妈	mā	엄마
② 现在	xiànzài	지금
③ 点	diǎn	시
④ 分	fēn	분
⑤ 上班	shàngbān	출근
⑥ 出门	chūmén	외출하다, 집을 나서다
⑦ 吃	chī	먹다
⑧ 早饭	zǎofàn	아침밥
⑨ 半	bàn	반, 30분
⑩ 回来	huílái	돌아오다
⑪ 一刻	yīkè	15분

단어해설

1) 시간표기법

시간은 일반적으로 '点-分-秒'순으로 표기한다.

⑴ 点

시간을 말할 때 '시'를 나타내는 '点'은 생략하면 안 되지만 마지막에 시간을 나타내는 양사는 생략해도 된다.

两点十五(分) liǎngdiǎn shíwǔ (fēn)	2시 15분
三点二十五分十七(秒) sāndiǎn èrshí wǔfēn qī (miǎo)	3시 25분 7초

⑵ 分

15분은 '十五分' 또는 ' 一刻'라고 하며, 45분은 '三刻' 라고 한다. 30분은 '三十分' 또는 '半' 이라고 표현한다.

단위/시간	点 Diǎn 시	分 fēn 분	一刻 yíkè 15분	半 bàn 30분	三刻 sānkè 45분	秒 miǎo 초
6:00	六点					
7:10	七点	十分				
8:15	八点		一刻 (十五分)			
9:30	九点			半 (三十分)		
10:45	十点				三刻 (四十五分)	
11:54:17	两点	五十四分				十七秒

2) 식사에 대한 표현

早饭(zǎofàn) 아침식사
午饭(wǔfàn) 점심식사
晚饭(wǎnfàn) 저녁식사

3) 단순방향보어 来 와 去

'来'와 '去'는 동사 뒤에서 동작의 진행을 보충 설명하는 '방향보어'로 사용된다.

(1) 순방향보어
동사 뒤에 놓여 동작의 방향이나 추세를 보충 설명하는 것을 '방향보어'라고 하는데, '来, 去, 上, 下, 进, 出, 回, 过, 起'만을 사용하여 동작의 방향을 나타내는 것을 '단순방향보어'라고 한다.

(2) '来'와 '去'
동작의 방향이 말하는 사람에게서 가까워지면 '来'를 사용하고, 말하는 사람에게서 멀어지면 '去'를 사용한다.

- 他出去了。	tā chūqu le	그는 나갔습니다.
- 请进来。	qǐng jìnlái	들어오세요.
- 他昨天回来了。	tā zuótiān huílái le	그는 어제 돌아왔습니다.

듣고 따라 하기 10-2.mp3

▶ 一点三分　　两点十分

三点十五分 / 三点一刻　　四点二十五分

五点三十分 /五点半　　六点四十分

七点四十五分/七点三刻　　八点五十三分

九点　　十点五十九分

十一点五十九分五十九秒　　十二点

▶ A: 现在几点?

B: 现在六点十分。

▶ A: 你几点上班?

B: 我七点上班。

A: 你几点下班?

B: 我六点下班。

A: 你几点出门?

B: 我八点出门。

▶ A: 你几点吃早饭 (午饭 / 晚饭) ?

B: 六点半吃早饭。

十二点吃午饭。

七点吃晚饭。

▶ yīdiǎn sānfēn

liǎngdiǎn shífēn

sāndiǎn shíwǔfēn / sāndiǎn yīkè

sìdiǎn èrshíwǔfēn

wǔdiǎn sānshífēn / wǔdiǎn bàn

liùdiǎn sìshífēn

qīdiǎn sìshíwǔfēn / qīdiǎn sānkè

bādiǎn wǔshísānfēn

jiǔdiǎn

shídiǎn wǔshíjiǔfēn

shíyīdiǎn wǔshíjiǔfēn wǔshíjiǔmiǎo

shíèrdiǎn

▶ A: xiànzài jǐdiǎn?

B: xiànzài liù diǎn shífēn.

A: nǐ jǐdiǎn shàngbān?

B: wǒ qīdiǎn shàngbān.

A: nǐ jǐdiǎn xiàbān?

B: wǒ liù diǎn xiàbān.

A: nǐ jǐdiǎn chūmén?

B: wǒ bā diǎn chūmén.

A: nǐ jǐdiǎn chī zǎofàn? (wǔfàn / wǎnfàn)

B: liù diǎn bàn chī zǎofàn。

shíèrdiǎn chī wǔfàn.

qīdiǎn chī wǎnfàn.

쓰기

妈	
现在	
点	
分	
上班	
出门	
吃	
早饭	
刻	
回来	

간체자와 번체자

妈 / 媽　　点 / 點

门 / 門　　饭 / 飯

문제풀이

1. 시계를 보고 중국어로 시간을 말해보세요.

(1) 07:35

(2) 05:15

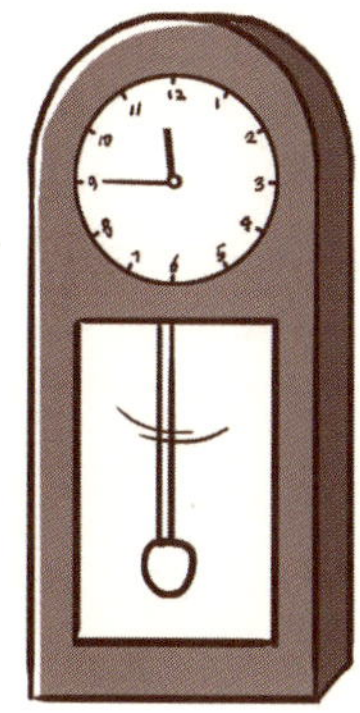

(3) 11:45

2. 다음 대화를 보고 질문에 맞는 답을 고르세요.

A: 妈！现在几点？
B: 现在七点三十分了。
　你几点上班？
A: 八点上班。
B: 那么，你几点吃早饭？
A: 我不吃了。

(1) 지금은 몇 시입니까?

① 七点　　② 七点半　　③ 九点　　④ 六点

(2) A는 몇 시에 출근합니까?

① 七点　　② 九点　　③ 八点　　④ 六点

(3) A는 언제 밥을 먹습니까?

① 八点　　② 十点　　③ 七点　　④ 不吃

3. 빈칸에 알맞은 것을 보기에서 골라 적으세요.

半　一刻　三刻

(1) 45분 ______________　(2) 30분 ______________
(3) 15분 ______________

02 什么时候起床？ 언제 일어나세요? 10-3.mp3

A: 小明,早一点睡吧!　샤오밍, 일찍 주무세요!
xiǎomíng, zǎo yīdiǎn shuì ba.

现在已经十一点过五分了。　지금 벌써 11시 5분이에요.
xiànzài yǐjing shíyī diǎn guò wǔfēn le.

B: 莉莉, 你明天什么时候起床?　리리, 당신 내일 몇 시에 일어나?
lìli, nǐ míngtiān shénme shíhòu qǐchuáng?

A: 我明天六点起床, 怎么了?　전 내일 6시에 일어날 거예요, 왜요?
wǒ míngtiān liù diǎn qǐchuáng, zěnme le?

B: 你明天六点一刻叫醒我。　내일 아침 6시 15분에 좀 깨워줘.
nǐ míngtiān liù diǎn yīkè jiàoxǐng wǒ.

A: 小明，快起来。　　샤오밍, 빨리 일어나요!
xiǎomíng, kuài qǐlai.

差五分七点了。　　7시 5분 전이에요.
chà wǔfēn qīdiǎn le.

怎么办？　　어떡하죠?
zěnmebàn?

B: 真糟糕！　　정말 큰일났군!
zhēn zāogāo!

단어

① 小明	xiǎomíng	샤오밍(인명)
② 一点	yīdiǎn	약간, 조금 = (수량사)
③ 睡	shuì	잠자다
④ 已经	yǐjing	이미
⑤ 过	guò	(시간이)지나다, 넘기다
⑥ 莉莉	lìli	리리(인명)

⑦ 什么时候	shénmeshíhòu	언제
⑧ 起床	qǐchuáng	일어나다
⑨ 怎么	zěnme	왜, 어째서
⑩ 醒	xǐng	깨다
⑪ 快	kuài	빠르다
⑫ 起来	qǐlai	일어나다
⑬ 差	chà	(분,시) 전
⑭ 办	bàn	(일 따위를) 하다, 처리하다
⑮ 糟糕	zāogāo	큰일이다

단어해설

1) 부사 已经 : 이미

'已经'은 동작, 행위, 상황 등이 이미 발생했거나, 완성되었음을 나타내는 부사이다. '已经'이 단음절 동사를 수식할 때는 반드시 뒤에 '了'를 써줘야 한다.

已经吃了。	yǐjing chī le.	이미 먹었습니다.
已经睡了。	yǐjing shuì le.	이미 잠들었습니다.

2) 什么时候 : 언제

시간을 물을 때는 의문대명사 '几' 이외에 '언제'라는 뜻의 '什么时候'를 사용할 수도 있다.

你什么时候出门？	nǐ shénmeshíhòu chūmén?	당신은 언제 나가십니까?
你几点出门？	nǐ jǐdiǎn chūmén?	당신은 몇 시에 나가십니까?

3) 怎么 : 왜, 어째서

'怎么' 는 술어로 쓰여 상황을 물을 때 많이 사용한다. 또한 문장 끝에 '了'를 사용하여 단독으로 문장을 만들 수도 있다.

(你)怎么了?	nǐ zěnmele?	왜 그러세요?
昨天的事儿怎么了?	zuótiān de shìr zěnmele?	어제 일 어떻게 됐어요?

4) 시간을 나타내는 差 와 过

⑴ 差 ; (~시, ~분)전

우리말의 '(~시 ~분)전' 이라는 표현과 비슷하며, '差-分-点'의 형식을 사용한다.

差三分六点 6시 3분 전

chà sānfēn liùdiǎn

差一刻九点 9시 15분 전

chà yīkè jiǔdiǎn

差十分八点 8시 10분 전

chà shífēn bādiǎn

⑵ 过 ; (시간이) 지나다, 넘기다

시(点)뒤에 '过'를 사용하여 '(시간이)지나다, 넘기다'라는 뜻을 나타내며 '点-过-分' 형식으로 말한다.

七点过十分	qīdiǎn guò shífēn	7시 10분
两点过五分	liǎngdiǎn guò wǔfēn	2시 5분
四点过一刻	sìdiǎn guòyīkè	4시 15분

(3) 七点过十分 과 过十分七点 의 차이점

七点过十分	qīdiǎn guò shífēn	7시에서 10분이 지나다(7시10분)
过十分七点	guò shífēn qīdiǎn	10분이 지나면 7시다(7시10분 전)

5) 一点 = 一点儿

(1) '一点儿' 은 '약간, 조금' 이라는 뜻의 수량사이다.

他吃了一点儿。	tā chī le yīdiǎnr.	그는 조금 먹었습니다.
我睡了一点儿。	tā shuì le yīdiǎnr.	저는 좀 잤습니다.

(2) 一点儿也不: 조금도 ~하지 않다.

'一点儿' 이 부사 '也(都)不'와 같이 쓰이면 '조금도 ~하지 않다'는 부정의 의미를 강조하게 된다.

今天一点儿也不冷。 오늘은 조금도 춥지 않습니다.
jīntiān yīdiǎnr yě bùlěng.

我一点儿也不爱他。 나는 그를 조금도 사랑하지 않습니다.
wǒ yīdiǎnr yě bù ài tā.

듣고 따라 하기 10-4.mp3

▶ A: 现在几点?

B: 十二点。

现在十二点。

现在已经十二点了。

▶ A: 现在几点?

B: 现在十一点过五分。/ 现在十一点五分。

▶ A: 现在几点?

B: 差五分六点。/ 五点五十五分。

▶ A: 什么时候起床?

你什么时候起床?

你明天什么时候起床?

B: 六点起床。

我六点起床。

我明天六点起床。

▶ 六点一刻。

六点一刻叫醒我。

你六点一刻叫醒我。

你明天六点一刻叫醒我。

你明天早上六点一刻叫醒我。

▶ A: xiànzài jǐdiǎn?

B: shíèrdiǎn.

xiànzài shíèrdiǎn.

xiànzài yǐjing shíèrdiǎn le.

▶ A: xiànzài jǐdiǎn?

B: xiànzài shíyīdiǎn guò wǔfēn. / xiànzài shíyī diǎn wǔfēn.

▶ A: xiànzài jǐdiǎn?

B: chà wǔfēn liù diǎn / wǔ diǎnwǔshí wǔfēn.

▶ A: shénmeshíhòu qǐchuáng?

nǐ shénmeshíhòu qǐchuáng?

nǐ míngtiān shénmeshíhòu qǐchuáng?

B: liù diǎn qǐchuáng.

wǒ liù diǎn qǐchuáng.

wǒ míngtiān liù diǎn qǐchuáng.

▶ liù diǎn yīkè.

liù diǎn yīkè jiàoxǐng wǒ.

nǐ liù diǎn yīkè jiàoxǐng wǒ.

nǐ míngtiān liù diǎn yīkè jiàoxǐng wǒ.

nǐ míngtiān zǎoshang liù diǎn yīkè jiàoxǐng wǒ.

쓰기

起床	
醒	
快	
起来	
差	
过	
糟糕	

간체자와 번체자

过 / 過

문제풀이

1. 差 혹은 过 를 사용하여 알맞은 시간을 적으세요.

(1) 2:55 ______________

(2) 3:05 ______________

(3) 10:15 ______________

2. 중국어로 작문하세요.

(1) 빨리 일어나세요.

(2) 큰일났군.

(3) 내일 날 깨워주세요.

(4) 일찍 자거라.

3. 그림을 잘 보고 주어진 질문에 대답하세요.

(1) am 05:30

(2) am 07:15

(3) am 08:05

(4) pm 10:45

(1) A: 你明天什么时候起床？

B: ______________________

(2) A: 你几点吃早饭？

B: ______________________

(3) A: 你几点上班？

B: ______________________

(4) A: 你什么时候睡？

B: ______________________

China Talk

중국의 소황제

중국은 13억에 달하는 인구로 인해 사회, 경제 발전의 위기를 느끼고 1970년대부터 '晩婚晩育, 少生优生(늦게 결혼 늦은 출산, 적게 낳고 잘 기르자)'이라는 내용의 가족계획을 실행하게 되었습니다. 현재 중국은 '한 가정 한 자녀' 정책을 기본으로 하고 있어서 자식들에 대한 기대가 매우 큽니다.

한국도 마찬가지겠지만 자식을 둔 중국 부모들의 가장 큰 바람은 자식이 훌륭한 인물이 되는 것입니다. 바로 '望子成龙(자식이 잘 되길 바란다)'이 되기를 희망한다고 할 수 있죠. 이렇게 귀한 자녀를 위해서 부모는 막대한 양육비, 사교육비를 감수하며 그들의 요구를 만족시키려고 무진 애를 쓰고 있습니다.

어느 사회나 소비 풍조에 편차가 있기 마련이지만 일반 노동자의 평균 임금이 1000위안을 웃돌고 있는 중국에서 설이나 생일, 어린이날이면 500-600위안에 상당하는 나이키 운동화를 선물 받아야 직성이 풀리는 학생이 있는가 하면, 영양 과잉으로 인한 비만 어린이도 상당수를 차지하고 있다고 합니다. 물론 형편에 맞게 케이크나 학용품으로 만족하는 학생도 있습니다만 어쨌든 중국은 '小皇帝(소황제)'라는 유행어에서도 알 수 있듯 '한 가정 한 자녀' 정책 때문에 자식을 떠받들며 키우는 풍조가 만연되고 있는 게 사실입니다.

중국어 기초회화 1

11주차
그는 어디에?

학습내용

01 본 주차는 전치사 겸 동사의 기능을 가지고 있는 '在'의 용법을 배우도록 한다.

02 조동사 "会" 전치사 "到"의 사용법을 익히고자 한다.

학습목표

동사 겸 전치사 '在'의 용법과 조동사 '会', 전치사 '到' 등의 문법적인기능을 익히도록 한다.

11주차 그는 어디에?

01 他在哪儿? 그는 어디에 있습니까? 11-1.mp3

A: 你回来了!
nǐ huílái le!

돌아오셨군요!

B: 小明在哪儿?
xiǎomíng zài nǎr?

샤오밍은 어디 있습니까?

A: 他去运动了。
tā qù yùndòng le.

운동하러 갔어요.

B: 他到哪儿去运动?
tā dào nǎr qù yùndòng?

어디서 운동을 하는데요?

A: 他在体育馆游泳。　　체육관에서 수영을 해요.
tā zài tǐyùguǎn yóuyǒng.

B: 他会游泳吗?　　그가 수영을 할 줄 압니까?
tā huì yóuyǒng ma?

A: 当然会。　　당연하죠!
dāngrán huì.

단어

① 回来	huílái	돌아오다
② 运动	yùndòng	운동,스포츠
③ 体育馆	tǐyùguǎn	체육관
④ 会	huì	~할 수 있다, ~할 가능성이 있다
⑤ 游泳	yóuyǒng	수영
⑥ 当然	dāngrán	당연하다

단어해설

1) 在 - ~에 있다

'在'는 동사, 전치사(介词), 부사 등 다양한 품사로 쓰이지만 본문에서는 사람과 사물의 위치를 나타내는 동사로 사용되다. 이때 '在' 는 주어의 뒤와 장소를 뜻하는 단어 앞에 놓인다.

- 他在家里。　tā zài jiālǐ.　그는 집에 있습니다. (사람의 위치)
- 书在桌子上。　shū zài zhuōzi shàng.　책은 책상 위에 있습니다. (사물의 위치)

2) 哪里 = 哪儿 - 어디 / 어느 곳

장소를 묻는 의문대명사로 '哪里'와 '哪儿'이 있으며, 동일한 의미로 사용된다.

3)조동사 会 - ~할 수 있다 / ~할 가능성이 있다

'会'는 조동사로서 아래와 같은 두 가지 용법이 있다.

(1) 능력 : ~할 수 있다.
동사 앞에 조동사 '会' 를 사용하여 학습을 통해 배운 무언가를 할 수 있다는 뜻을 나타낸다.

- 我会说英语。 wǒ huì shuō yīngyǔ. 나는 영어를 할 줄 압니다.
- 我会游泳。 wǒ huì yóuyǒng. 나는 수영을 할 줄 압니다.

(2) 가능 / 실현 : ~할 것이다.
술어 앞에 조동사 '会'를 사용하여 미래에 실현 가능한 추측을 나타낸다.

- 他会回来。 tā huì huílái. 그가 돌아올 겁니다.
- 明天会下雨。 míngtiān huì xiàyǔ. 내일은 비가 올 겁니다.

4) 부사 当然 – 당연히 / 마땅히

'当然'이 부사로 쓰일 때의 형식은 아래와 같다.

当然 + 조동사 / 동사~

- 当然要去。 dāngrán yào qù. 당연히 가야만 합니다.
- 当然去。 dāngrán qù. 당연히 갑니다.

5) 到 - ~을 향하여 / ~에 도착하다

'到'는 크게 전치사와 동사 2가지 용법으로 사용된다.

(1) 전치사 '到'
주어 + 到 + 목적어(장소)~ + 동사: ~을 향하여, ~로

- 你到哪儿去? nǐ dào nǎr qù? 당신은 어디로 갑니까?
- 我到上海去。 wǒ dào shànghǎi qù. 저는 상하이로 갑니다.

(2) 동사 '到'
주어 + 到 + 목적어(장소) : 도착하다, 도달하다

- 我们到了上海。 wǒmen dào le shànghǎi. 우리는 상하이에 도착했습니다.

- 我八点到家。 wǒ bādiǎn dàojiā. 저는 8시에 집에 도착합니다.

6) 구조조사 '得'

'得'는 동사 뒤에 쓰여 동작의 결과를 나타내는 보어와 동사를 연결하는 보조 역할을 한다.

동사 / 형용사 + 得 + 보어

- 游得好。 yóu de hǎo. 수영을 잘한다.
- 说得快。 shuō de kuài. 말을 빨리 한다.
- 吃得慢。 chī de màn. 천천히 먹는다.

듣고 따라 하기 11-2.mp3

▶ A: 他在哪里?

B: 他在家里。

学校里。

教室里。

公司里。

医院里。

▶ A: 他在哪里?

B: 他去运动了。

游泳

学校

公司

医院

▶ A: 他到哪里去运动?

B: 他在体育馆运动。

体育馆游泳

学校里运动

▶ A: 他到哪里去运动?

▶ B: 他到体育馆去运动。

学校里去运动。

▶ A: 他会游泳吗?

B: 他会游泳。

他不会游泳。

▶ A: 他游得好吗?

B: 他游得很好。

他游得不好。

새로운 단어

家 jiā 집 / 学校 xuéxiào 학교 / 教室 jiàoshì 교실 / 医院 yīyuàn 병원 / 公司 gōngsī 회사

▶ A: tā zài nǎlǐ?

B: tā zài jiā lǐ 。

▶ A: tā zài nǎlǐ?

B: tā qù yùndòng le。

▶ A: tā dào nǎlǐ qù yùndòng?

B: tā zài tǐyùguǎn yùndòng.

▶ A: tā dào nǎlǐ qù yùndòng?

B: tā dào tǐyùguǎn qù yùndòng.

▶ A: tā huì yóuyǒng ma?

B: tā huì yóuyǒng.

▶ A: tā yóude hǎo ma?

B: tā yóude hěn hǎo.

쓰기

回来	
运动	
体育馆	
游泳	
当然	

간체자와 번체자

来 / 來　　运 / 運

动 / 動　　体 / 體

馆 / 館　　当 / 當

문제풀이

1. 다음 문장 가운데 뜻이 다른 문장을 고르세요.

① 他去哪里了?
② 他到哪里去了?
③ 他坐在哪里?

2. 다음 문장에서 부정사 '不' 가 들어가기에 적당한 곳은?

你 ① 会 ② 游泳 ③ 吗?

3. '그는 수영을 매우 잘한다'의 뜻으로 알맞은 단어를 고르세요.

他游得很（　）。

① 好　　② 快　　③ 慢

4. 빈칸에 알맞은 단어를 넣어 대화를 완성하세요.

(1)
A: 她在哪里?
B: 她在_____。

(2)
A: 他在哪里?
B: 他在_____。

(3)
A: 她在哪里?
B: 她在_____。

02 她在干什么？ 그녀는 지금 무엇을 하고 있습니까？ 11-3.mp3

A: 爸爸, 你回来了！ 아빠, 돌아오셨군요!
bàba, nǐ huílái le.

B: 小华, 你妈妈在干什么？ 샤오화! 엄마는 뭘 하고 계시니?
xiǎohuá, nǐ māma zài gànshénme?

A: 她在洗澡。 엄마는 목욕하고 계세요.
tā zài xǐzǎo.

B: 你姐姐干什么？ 언니는 뭘 하고 있니?
nǐ jiějie gànshénme?

A: 她在房间里玩电脑。 언니는 방에서 컴퓨터를 하고 있어요.
tā zài tā zài lǐ wán diànnǎo.

B: 你呢? 　　너는?

nǐ ne?

A: 我在看电视。 　　저는 텔레비전 보고 있어요.

wǒ zài kàn diànshì.

단어

① 干	gàn	~을 하다
② 洗澡	xǐzǎo	목욕하다
③ 姐姐	jiějie	언니, 누나
④ 房间	fángjiān	방
⑤ 玩	wán	놀다, ~하다
⑥ 电脑	diànnǎo	컴퓨터
⑦ 电视	diànshì	텔레비전

단어해설

1) 房间 – 방

'房子'는 '집'을 뜻하는 명사이며 '房间'은 '방'을 뜻하는 명사이다. '房屋'는 '집'과 '방' 두 가지 의미로 모두 사용할 수 있다.

这房子很大。 　zhè fángzi hěn dà. 　이 집은 매우 큽니다.

这房子有两个房间。 　이 집에는 방이 두 개 있습니다.

zhè fángzi yǒu liǎnggè fángjiān.

这房屋不结实。 　zhè fángwū bù jiēshí. 　이 집(방)은 튼튼하지 못합니다.

2) 里 - 안 / 속

'里'는 명사 뒤에 붙어 일정한 공간 '안'이라는 뜻을 나타낸다.

箱子里	xiāngzi lǐ	상자 안
房间里	fángjiān lǐ	방 안

'这', '那', '哪'뒤에 붙어 장소를 나타내는 접미사로 쓰이기도 한다.

这里	zhèlǐ	여기
那里	nàlǐ	거기
哪里	nǎlǐ	어디

3) 在 - ~하고 있는 중이다.

'在' 는 동사 앞에 쓰여 동작의 진행을 나타낸다.

我在洗澡。　wǒ zài xǐzǎo.　나는 목욕을 하고 있는 중입니다.

我在看电视。　wǒ zài kàndiànshì.　나는 텔레비전을 보고 있는 중입니다.

듣고 따라 하기 11-4.mp3

▶ A: 你妈妈在干什么?

爸爸

姐姐

妹妹

哥哥

弟弟

▶ B: 她 (他) 在洗澡。

吃饭

散步

看电视

玩电脑

看书

▶ A: 你在干什么?

B: 我在房间里玩电脑。

学校里学习。

公司里工作。

浴室里洗澡。

教室里写作业。

새로운 단어

哥哥형 오빠 / 妹妹 여동생 / 弟弟 남동생

吃饭 식사하다 / 写 쓰다 / 作业 숙제 / 散步 산책하다 / 浴室 욕실

▶ A: nǐ māma zài gànshénme ?

B: tā zài xǐzǎo.

▶ A: nǐ zài gànshénme ?

B: wǒ zài fángjiān lǐ wán diànnǎo.

쓰기

干	
洗澡	
姐姐	
哥哥	
妹妹	
弟弟	
房间	
玩	
电脑	
电视	

문제풀이

1. 보기에서 알맞은 단어를 골라 적으세요.

奶奶 / 姐姐 / 哥哥 / 妈妈 / 爸爸 / 弟弟 / 妹妹 / 爷爷

(1) 할아버지 ______________

(2) 남동생 ______________

(3) 오빠 ______________

(4) 여동생 ______________

2. 빈칸에 들어갈 알맞은 동사를 고르세요.

写　玩　看

(1) 我在(　　　)电脑。

(2) 他在(　　　)电视。

(3) 他在(　　　)作业。

3. 다음 중 '在' 가 다른 용법으로 쓰인 문장을 고르세요.

① 他在吃饭。　② 他在看书。　③ 他在学校。

4. 다음 그림을 보고 문장을 완성하세요.

(1) 爷爷在 ____________

(2) 弟弟在 ____________

(3) 妹妹在 ____________

(4) 奶奶在 ____________

중국어 기초회화 1

12주차
제가 걔보다 커요

학습내용

01 중국어의 비교문을 배우도록 한다.

02 비교문의 부정법 배우기.

학습목표

비교문 형식과 비교문의 문법적인 표현을 익히도록 한다.

12주차 제가 걔보다 커요.

01 我比她高。 제가 걔보다 커요. 12-1.mp3

A: 你跟莉莉谁的个子高? 너와 리리 중 누구 키가 더 크니?
nǐ gēn lìli shéi de gèzi gāo?

B: 我比她高。 제가 걔보다 커요.
wǒ bǐ tā gāo.

A: 谁的年纪大? 누구 나이가 더 많지?
shéi de niánjì dà?

B: 她的年纪比我小。
tā de niánjì bǐ wǒ xiǎo.

개가 저보다 어려요.

她比我小一岁。
tā bǐ wǒ xiǎo yīsuì.

저보다 한 살이 어려요.

A: 那么, 谁的功课好?
name, shéi de gōngkè hǎo?

그럼, 누가 더 공부를 잘하지?

B: 她的功课比我好。
tā de gōngkè bǐ wǒ hǎo.

개가 저보다 공부를 잘해요.

단어

① 跟	gēn	~와 (함께)
② 个子	gèzi	키
③ 高	gāo	높다, (키가)크다
④ 比	bǐ	~에 비하여, ~보다
⑤ 年纪	niánjì	나이
⑥ 大	dà	(나이가) 많다
⑦ 小	xiǎo	(나이가) 적다
⑧ 岁	suì	~세, 살(나이)
⑨ 功课	gōngkè	공부

단어해설

1) 比를 사용한 비교문

사람 또는 사물의 성질, 특징, 정도의 차이를 비교할 때 전치사 '比' 를 사용하여 비교대상을 이끌어 낸다. 일반적으로 'A比B+형용사'의 형태로 쓰이며 'A는B보다 ~하다'의 의미를 나타낸다.

A比B + 형용사 : A는 B보다 ~하다

我比他大。	wǒ bǐ tā dà.	내가 그보다 나이가 많다.
我比她高。	wǒ bǐ tā gāo.	내가 그보다 크다.

'比' 를 사용한 비교문에서는 '还', '更' 등을 사용하여 정도의 심화를 나타낼 수 있지만, '很', '非常' 등의 정도부사는 사용할 수 없다.

我比你更高。	wǒ bǐ nǐ gèng gāo.	내가 너보다 훨씬 크다. (○)
我比你很高。	wǒ bǐ nǐ hěn gāo.	나는 너보다 매우 크다. (×)
今天比昨天还冷。	jīntiān bǐ zuótiān hái lěng.	오늘은 어제보다 더 춥다. (○)
今天比昨天很冷。	jīntiān bǐ zuótiān hěn lěng.	오늘은 어제보다 매우 춥다. (×)

2) 전치사 跟 –와(함께)

동작 행위와 관련이 있는 대상을 이끌어내어 쌍방이 같이 완성함을 나타냅니다. 부정사 '不' 를 '跟' 앞에 놓으면 주관적 의지를 나타내고, 뒤에 놓으면 객관적 사실을 나타낸다.
'跟' 은 '和(hé)' 와 같은 뜻으로 일상회화에 많이 쓰인다.

我跟你一起去。	wǒ gēn nǐ yīqǐ qù.	나는 당신과 함께 갑니다.
他跟朋友游泳去了。		그는 친구와 함께 수영하러 갔습니다.

tā gēn péngyou yóuyǒng qù le.

3) 형용사 高 - 높다/크다

'高'가 '높다'라는 뜻으로 쓰일 때 상대적인 단어로 '低(dī)'를 많이 사용한다. 그러나 키를 나타낼 때는 '(키가)크다'라는 뜻으로 사용되며 반의어는 '矮(ǎi)' 나 '小(xiǎo)'를 사용한다.

山很高。	shān hěn gāo.	산이 매우 높습니다.
个子高。	gèzi gāo.	키가 큽니다.
个子小。	gèzi xiǎo.	키가 작습니다.
个子矮。	gèzi ǎi.	키가 작습니다.

4) 年纪 - 나이, 연령

'年纪'는 사람의 나이를 뜻하며, 나이의 적고 많음은 형용사 '大'와 '小'로 표현한다.

年纪大。	niánjì dà.	나이가 많습니다.
年纪小。	niánjì xiǎo.	나이가 어립니다.

듣고 따라 하기 12-2.mp3

▶ 我比他高。

大

小

聪明

漂亮

胖

瘦

▶ A: 谁的个子高？

B: 我的个子高。

我的个子比他高。

▶ A: 谁的年纪大？

B: 他比我大。

他的年纪比我大。

他的年纪比我的年纪大。

▶ A: 谁的年纪大？

B: 他比我小。

他的年纪比我小。

他的年纪比我的年纪小。

▶ A: 谁的年纪大？

B: 他比我大。

他比我大一岁。

他的年纪比我大一岁。

▶ A: 谁的功课好？

B: 她的功课比我好。

▶ wǒ bǐ tā gāo.

▶ A: shéi de gèzi gāo?

B: wǒ de gèzi gāo.

wǒ de gèzi bǐ tā gāo.

▶ A: shéi de niánjì dà?

B: tā bǐ wǒ dà.

tā de niánjì bǐ wǒ dà.

tā de niánjì bǐ wǒ de niánjì dà.

▶ A: shéi de niánjì dà?

B: tā bǐ wǒ xiǎo.

tā de niánjì bǐ wǒ xiǎo.

tā de niánjì bǐ wǒ de niánjì xiǎo.

▶ A: shéi de niánjì dà?

B: tā bǐ wǒ dà.

tā bǐ wǒ dà yīsuì.

tā de niánjì bǐ wǒ dà yīsuì.

▶ A: shéi de gōngkè hǎo?

B: tā de gōngkè bǐ wǒ hǎo.

쓰기

跟	
个子	
年纪	
比	
功课	
岁	

간체자와 번체자

个 / 個

课 / 課

岁 / 歲

문제풀이

1. 다음 그림을 잘 보고 대화를 완성하세요.

(1) A: 谁的年纪大？
B: ______________

(2) A: 谁的个子高？
B: ______________

2. 보기에서 해당하는 단어를 골라 빈칸에 적으세요.

高 胖 瘦 大 小

(1) 他的个子______________ (크다)

(2) 我的姐姐很______________ (야위다)

(3) 他的年纪比我______________ (많다)

3. 다음 문장을 보고 질문에 대한 알맞은 답을 고르세요.

我的年纪比他大五岁。今年我二十岁。

질문: 今年他多大了？

① 二十五岁　② 十五岁　③ 三十岁　④ 十岁

02 这个不比那个贵。이것은 저것보다 비싸지 않아요. 12-3.mp3

A: 你要什么？ 무엇이 필요하십니까?
nǐ yào shénme?

B: 这个苹果比那个苹果贵吗？ 이 사과가 저 사과보다 비쌉니까?
zhège píngguǒ bǐ nàge píngguǒ guì ma?

A: 这个苹果不比那个苹果贵。 이 사과는 저 사과보다 비싸지 않습니다.
zhège píngguǒ bùbǐ nàge píngguǒ guì.

这个比那个便宜。 이것이 저것보다 쌉니다.
zhège bǐ nàge piányi.

B: 那么，这个苹果比那个苹果好吃吗？
name, zhège píngguǒ bǐ nàge píngguǒ hǎochī ma?
그럼, 이 사과가 저 사과보다 맛있습니까?

A: 这个不如那个好吃。
zhège bùrú nàge hǎochī.

이것은 저것보다 맛있지 않습니다.

B: 这个梨怎么样?
zhège lí zěnmeyàng.

이 배는 어떻습니까?

A: 大的比小的甜。
dà de bǐ xiǎo de tián.

큰 것이 작은 것보다 답니다.

단어

① 苹果	píngguǒ	사과
② 贵	guì	비싸다
③ 便宜	piányi	싸다
④ 好吃	hǎochī	맛있다
⑤ 不如	bùrú	~만 못하다
⑥ 梨	lí	배
⑦ 大的	dàde	큰 것
⑧ 小的	xiǎode	작은 것
⑨ 甜	tián	달다

단어해설

1) 동사 要 －필요하다, 바라다, 원하다

'要'는 여러 가지 용법이 있지만 여기서는 동사로 사용되었다. 동사로 사용될 경우에는 '필요하다, 바라다, 원하다' 등의 의미로 쓰인다.

我要那本书。	wǒ yào nàběn shū	나는 그 책을 원합니다.
我要一个苹果。	wǒ yào yīgè píngguǒ.	나는 사과 한 개를 원합니다.

2) 비교문의 부정

(1) '比'를 사용한 부정문

전치사 '比' 앞에 부정부사 '不'를 사용하여 비교문의 부정을 나타낸다.

A不比B + 형용사 : A는 B보다 ~하지 않다.

这个不比那个好。	zhège bùbǐ nàge hǎo.	이것은 저것보다 좋지 않습니다.

(2) '不如'를 사용한 부정문

A不如B : A는 B만 못하다.

这个不如那个好。	zhège bùrú nàge hǎo.	이것은 저것만 못하다.

3) 好吃 － 맛있다.

'好'는 '看', '听', '吃', '用', '喝' 등의 동사 앞에 쓰여 모양, 소리, 냄새, 맛, 감각 등에 대한 만족을 나타낼 수 있다. '好'와 상반되는 것은 '难(nán)'으로 '难看(nánkàn)', '难听(nántīng)', '难吃(nánchī)' 등으로 쓰인다.

好吃。	hǎochī.	맛있다.
不好吃。/ 难吃。	bùhǎochī / nánchī	맛없다.

4) 미각을 나타내는 표현

시다	酸 suān
달다	甜 tián
쓰다	苦 kǔ
맵다	辣 là
떫다	涩 sè
짜다	咸 xián

5) 怎么样 - ~어때요?

'怎么样'은 상대방의 의견, 견해를 묻는 의문대명사이다.

这个梨怎么样？	zhège lí zěnmeyàng?	이 배 어때요?
味道怎么样？	wèidà zěnmeyàng?	맛이 어때요?

6) 大的 와 小的 의 的

'大的(큰것)'와 '小的(작은것)'는 중심어가 없는 '的'자 구조를 사용하여 형용사를 명사화한 것이다. 우리말의 '~한 것'이라는 뜻에 해당된다.

듣고 따라 하기 12-4.mp3

▶ A: 你要什么?

B: 我要梨。

苹果

葡萄

香蕉

一支笔

一本书

一张纸

새로운 단어

香蕉 바나나 / 葡萄 포도

▶ A: 这个比那个贵吗?

B: 这个比那个贵。

这个不比那个贵。

这个比那个便宜。

▶ A: 这个比那个好吗?

B: 这个不比那个好。

这个不如那个好。

▶ 这个不如那个好吃。

甜

大

便宜

贵

▶ A: nǐ yào shénme?

B: wǒ yào lí.

▶ A: zhège bǐ nàge guì ma?

B: zhège bǐ nàge guì.

zhège bù bǐ nàge guì.

zhège bǐ nàge piányi.

▶ A: zhège bǐ nàge hǎo ma?

B: zhège bù bǐ nàge hǎo.

zhège bùrú nàge hǎo.

▶ zhège bùrú nàge hǎochī.

쓰기

苹果	
贵	
便宜	
好吃	
不如	
梨	
甜	

간체자와 번체자

苹 / 蘋

贵 / 貴

문제풀이

1. 그림을 잘 보고 대화를 완성하세요.

(1) A: 苹果比葡萄贵吗?

B: ______________

(2) A: 橙子比香蕉好吃吗?

B: ______________

2. 반대말끼리 서로 짝지으세요.

① 便宜	○	○	甜
② 苦	○	○	好吃
③ 不好吃	○	○	大的
④ 小的	○	○	贵

3. 빈칸에 알맞은 단어를 적으세요.

这个苹果不比那个苹果好吃。
= 这个苹果(　　)那个苹果好吃。

4. 중국어로 작문하세요.

(1) 사과는 바나나보다 맛있다.

____

(2) 이것은 저것만 못하다.

____

(3) 이 포도는 저 포도보다 달지 않다.

____

China Talk

중국의 공중화장실

화장실에 얽힌 재미있는 일화가 있어서 소개하고자 합니다. 중국은 지금도 그런 곳이 있지만, 몇 년 전만 해도 대부분의 공중화장실은 돈을 줘야 사용할 수 가 있었습니다. 도심의 백화점 화장실도 마찬가지로 화장실 문 앞에 돈을 받는 사람이 앉아 있는 경우가 다반사였으니까요. 어느 날 시골에서 올라온 친구가 중국 수도 베이징에 와서 여러 명승지를 유람하게 되었답니다. 처음 도시에 와본 시골 친구는 모든 것이 으리으리하고 낯설었습니다. 구경을 하던 중 소변이 마려워 공중화장실을 찾았는데 화장실입구에 '大的一块, 小的五毛(dà de yīkuài, xiǎo de wǔmáo)'라는 푯말이 있어 순간 당황했답니다. 큰 것은 1원이고 작은 것은 50전이라. 그럼 과연 큰 것과 작은 것이 도대체 무엇일까? 키를 묻는 것일까? 한참을 고심하던 끝에 화장실 문 앞에 있는 수금원에게 다가가 이렇게 물었습니다. '我是大的还是小的?(wǒ shì dà de háishi xiǎo de ? 저는 큰 것인가요? 아니면 작은 것인가요?) 그러자 그 수금원은 이 시골 친구를 위아래로 훑어보더니 "你最清楚, 还要问我。(nǐ zuì qīngchu , háiyào wèn wǒ. 당신이 더 잘 알지. 그것을 나한테 물어?)"하더랍니다.

모두들 알다시피 여기서 말하는 '大的' 와 '小的' 는 바로 대변과 소변을 의미하니, 수금원의 말도 일리가 있다고 할 수 있겠죠?

중국어 기초회화 1

13주차
복습주차

학습내용

01 본 주차는 11,12,13주차의 핵심내용을 복습한다.

학습목표

가격흥정, 시간표현, 비교법용법 등을 복습을 통해 재확인 한다.

13주차 복습주차

핵심표현정리 13.mp3

01 물건을 살 때

무엇을 사려고 합니까?

A: 你要买什么?
nǐ yào mǎi shénme?

B: 我要买苹果。
wǒ yào mǎi píngguǒ

무엇이 더 필요합니까?

A: 你还要什么?
nǐ háiyào shénme?

B: 我还要一瓶牛奶。/ 不要了。
wǒ háiyào yīpíng niúnǎi. / bùyào le.

02 가격을 묻고 흥정할 때

얼마입니까?

A: 这个多少钱?
zhège duōshǎo qián?

B: 这个三百五十块。
zhèg sānbǎi wǔshí kuài

A: 那个怎么卖?
nàge zěnme mài?

B: 那个卖三百五十块。
nàge mài sānbǎi wǔshí kuài

너무 비쌉니다. 깎아주세요.

太贵了。便宜一点儿吧。
tài guì le, piányi yīdiǎnr ba.

정찰제입니다.

我们这里不二价。
wǒmen zhèlǐ bùèrjià.

03 시간을 물을 때

지금은 몇 시입니까?

A: 现在几点?
xiànzài jǐdiǎn?

B: 现在六点十分了。
xiànzài liù diǎn shífēn le.

몇 시에 출근합니까?

A: 你几点上班?
nǐ jǐdiǎn shàngbān?

B: 我八点出门。
wǒ bā diǎn chūmén.

저녁 몇 시에 돌아옵니까?	A: 你晚上几点回来？ nǐ wǎnshang jǐdiǎn huílái?
	B: 七点一刻回来。 qīdiǎn yīkè huílái.
몇 시에 일어납니까?	A: 你什么时候起床？ nǐ shénme shíhòu qǐchuáng?
	B: 我六点起床。 wǒ liù diǎn qǐchuáng。
내일 6시에 모닝콜 해주세요.	你明天六点叫醒我。 nǐ míngtiān liùdiǎn jiàoxǐng wǒ.
~시~분 전	差 ~ 分 ~ 点
~시 ~분이 지나다	~点过 ~分
	差五分七点了。 chà wǔfēn qīdiǎn le.
	已经十一点过五分了。 yǐjing shíyī diǎn guò wǔfēn le.

04 일이 생각대로 되지 않았을 때

큰일났다!	真糟糕！ zhēn zāogāo!

05 행방, 행선지 등을 물을 때

샤오밍은 어디에 있습니까?

A: 小明在哪儿?
xiǎomíng zài nǎr?

B: 他去运动了。
tā qù yùndòng le.

A: 他到哪儿去运动?
tā dào nǎr qù yùndòng?

B: 他在体育馆游泳。
tā zài tǐyùguǎn yóuyǒng.

06 능력을 타진할 때

그는 수영을 할 수 있습니까?

A: 他会游泳吗?
tā huì yóuyǒng ma?

B: 当然会。
dāngrán huì.

07 무엇을 하는지 물을 때

언니는 뭘 하고 있습니까?

A: 你姐姐干什么?
nǐ jiějie gànshénme?

B: 她在洗澡。
tā zài xǐzǎo.

她在房间里玩电脑。
tā zài fáng jiān lǐ wán diànnǎo.

她在看电视。
tā zài kàn diànshì.

08 사람, 사물을 비교할 때

당신과 그녀 중 누구 키가 더 큽니까?

A: 你跟她谁的个子高?
nǐ gēn tā shéi de gèzi gāo?

B: 我比她高。
wǒ bǐ tā gāo.

누구의 나이가 더 많습니까?

A: 谁的年纪大?
shéi de niánjì dà?

B: 她的年纪比我小。
tā de niánjì bǐ wǒ xiǎo.

나보다 나이가 한 살 적습니다.

A: 她比我小一岁。
tā bǐ wǒ xiǎo yī suì.

B: 你比我大三岁。
nǐ bǐ wǒ dà sān suì.

이것이 저것보다 비쌉니까?

A: 这个比那个贵吗?
zhège bǐ nàge guì ma?

B: 这个不比那个贵。
zhège bù bǐ nàge guì.

이것이 저것보다 쌉니까?

A: 这个比那个便宜吗?
zhège bǐ nà ge piányi ma?

B: 这个比那个便宜。
zhège bǐ nà ge piányi。

이 사과는 저 사과보다 맛있습니까?

A: 这个苹果比那个苹果好吃吗?
zhège píngguǒ bǐ nàge píngguǒ hǎochī ma?

B: 这个不如那个好吃。
zhège bùrú nàge hǎochī.

구문확장연습

01 A: 谁的年纪大?
B: 他比我大。
他的年纪比我大。
他的年纪比我的年纪大。

02 A: 谁的年纪大?
B: 他比我小。
他的年纪比我小。
他的年纪比我的年纪小。

03 A: 这个比那个贵吗？
B: 这个比那个贵。
这个不比那个贵。

구문치환연습

01 A: 你要买什么？
B: 我要买一瓶矿泉水。
两个鸡蛋
一瓶牛奶

02 A: 这个多少钱？
B: 三百五十块。
一万两千块
四十五块

03 A: 你几点上班？
出门
回来
吃早饭

B: 我七点上班。
九点出门
七点一刻回来
六点吃早饭

04 早一点睡吧！
起床吧
叫醒我吧

05 A: 他在哪里？
B: 他去运动了。
游泳了
吃饭了

06 A: 他会游泳吗？
运动
回来
B: 当然会。

07 A: 你妈妈在干什么？
姐姐
爸爸
B: 她(他)在洗澡。
在房间里玩电脑
在看电视

08 我比他高。
大
小
聪明
漂亮
胖
瘦

새로운 단어

电脑 diànnǎo / 聪明 cōngmíng / 漂亮 piàoliang / 胖 pàng / 瘦 shòu

문법포인트

Point 1 양사

一　瓶　　　　　　矿泉水

两　瓶　　　　　　牛奶

三　个　　　　　　鸡蛋

Point 2 多少 와 几

多 얼마, 몇을 뜻한다. 10이상의 수를 물을 때

几 얼마, 몇을 뜻한다. 10이하의 수를 물을 때

Point 3 시간 말하기

단위/시간	点 Diǎn 시	分 fēn 분	一刻 yíkè 15분	半 bàn 30분	三刻 sānkè 45분	秒 miǎo 초
6:00	六点					
7:10	七点	十分				
8:15	八点		一刻 (十五分)			
9:30	九点			半 (三十分)		
10:45	十点				三刻 (四十五分)	
11:54:17	两点	五十四分				十七秒

Point 4 会: ~할 가능성이 있다, ~할 것이다(조동사)

주어+ 会 + 동사 : ~할 수 있다(~할 줄 안다)

- 我会说英语。 wǒ huì shuō yīngyǔ. 나는 영어를 할 줄 압니다.

会 : 가능 / 실현

주어 + 会 + 동사 : ~할 가능성이 있다(~할 것이다)

- 他会回来。 tā huì huílái. 그가 돌아올 겁니다.

Point 5 부사 在의 문장구조

주어 + 在 + 동사 + 목적어

我在洗澡。 wǒ zài xǐzǎo 나는 목욕을 하고 있는 중입니다.

我在看电视。 wǒ zài kàn diànshì 나는 텔레비전을 보고 있는 중입니다.

Point 6 가족관계

爷爷	奶奶	外公	外婆
yéye	nǎinai	wàigōng	wàipó
할아버지	할머니	외할아버지	외할머니

爸爸	妈妈
bàba	māma
아버지	어머니

哥哥	姐姐	我	弟弟	妹妹
gēge	jiějie	wǒ	dìdi	mèimei
형 / 오빠	누나 / 언니	나	남동생	여동생

Point 7 비교

1) 比 : ~보다

A比B + 형용사 : A는 B보다 ~하다

2) 不如 :

A不如B = A不比B : A는 B만 못하다

문제풀이

1. 다음 밑줄 친 단어에 대한 해석으로 적당한 것을 고르세요.

> 我们这里不二价。

① 두 개의 가격표가 있다　　② 정찰제이다

③ 가격표가 없다　　④ 비싸다

2. 다음 숫자를 중국어로 적으세요.

(1) 679

(2) 8453

(3) 358720

3. 다음 시간을 중국어로 적으세요.

(1) 2시13분

(2) 3시15분

(3) 5시30분

(4) 7시45분

(5) 8시7분

4. 다음 문장을 보고 '나'는 몇 시에 집으로 돌아가야 하는지 답을 고르세요.

现在是差十分7点，过20分钟我要回家。

① 7시 ② 7시10분 ③ 7시20분 ④ 7시30분

5. 다음 중 '会'의 용법이 다른 하나를 고르세요.

① 我会说汉语 ② 明天会下雨 ③ 我会游泳 ④ 她会说英语

6. 다음 문장을 참고하여 집에 없는 사람을 고르세요.

妈妈在房间里看电视，姐姐在浴室里洗澡，哥哥在玩电脑。

① 엄마 ② 아빠 ③ 언니 ④ 오빠

7. 다음 문장을 보고 '나'와 '형', '누나'의 나이의 합은 얼마인지 답을 고르세요.

我今年二十三岁，我哥哥比我大三岁，我妹妹比我小一岁。

① 69　　② 70　　③ 71　　④ 80

8. 다음 그을 보고 빈칸에 알맞은 단어를 고르세요.

(1) 나는 50kg인데 제 친구는 46kg입니다.

他比我(　　)。

① 胖　　② 瘦　　③ 高　　④ 矮

(2) 내 키는 1m 70입니다. 제 친구의 1m 60 입니다.

他的个子比我(　　)。

① 大　　② 少　　③ 矮　　④ 高

9. 다음 문장의 밑줄 친 부분에 알맞은 단어를 찾아 연결해보세요.

① 사과는 달다	○	○	苦
② 고추는 맵다	○	○	酸
③ 소금은 짜다	○	○	辣
④ 귤이 시다	○	○	咸
⑤ 약이 쓰다	○	○	甜

중국어 기초회화 I

연습문제 정답

1주차

02 你好！ 안녕하세요! / 再见！ 안녕히 가세요!

1 ①

2 ④

3 (1) ①

(2) ③

4 好

5 ③

03 身体怎么样？건강은 어떻습니까?

1 (1) 你好吗？ 我很好。

(2) 你身体好吗？ 我身体好。

(3) 你也好吗？ 我也很好。

2 (1) 学习、学习很好

(2) 生意、生意很好

(3) 身体、身体很好

3 吗 / 很 / 也 / 身体

2주차

01 好久不见！오랜만입니다!

1 ①

2 (1) 我工作不忙。

(2) 你学习忙吗？

(3) 我生意不忙。

3 ③

4 你学习忙吗？ 我学习忙。

你工作忙吗？ 我工作忙。

5 (1) 我不忙。

(2) 我工作很忙。

(3) 好久不见!

02 早上好! 시간 별 인사

1 (1) 早上好!

(2) 晚安!

2 (1) ③

(2) ①

3 ④

4 (1) Zǎoshang hǎo!

(2) Wǎn ān

(3) Wǎnshang hǎo!

5 (1) 早上好!

(2) 晚安!

(3) 晚上好!

3주차

01 您贵姓? 성이 어떻게 되십니까?

1 (1) 贵

(2) 叫

(3) 我

2 (1) 您贵姓?

(2) 王, 小明。

3 (1) 我姓王。

(2) 是的。

(3) 认识你, 我也很高兴。

4 (1) 你叫什么名字？
(2) 你是王先生吗？
(3) 认识你我也很高兴。
(4) 我姓王, 叫小平。

02 你叫什么名字？ 이름이 뭐니?(이름이 뭡니까?)

1 (1) 什么
(2) 叫
(3) 贵
(4) 名字 또는 大名

2 (1) ④
(2) ②
(3) ②

3 (1) 你叫什么名字？
(2) 我姓张, 叫大卫。
(3) 你认识他吗？

4주차

1 ③

2 ④

3 ③

4 ④

5주차

01 他是谁？ 저 사람은 누구입니까?

1 ④

2 ③

3 (1) 妈妈

(2) 老师

(3) 同事

4 (1) 他是不是你丈夫？

(2) 他不是我的朋友。

02 那个是什么？저 것은 뭐예요?

1 (1) 你的中文书借我看一下。

(2) 杂志(zázhì)

(3) 录像带(lùxiàngdài)

2 ④

3 (1) 等一下/等等

(2) 哪个是英文书？

(3) 我找找看。

(4) 找到了。

4 (1) 你叫什么名字？

(2) 我姓张，叫大卫。

(3) 你认识他吗？

6주차

01 谢谢你。감사합니다.

1 ②

2 (1) 枝

(2) 张

(3) 本

3 (1) ×

(2) ○

(3) ×

(4) ○

4 ③

02 对不起 죄송합니다

1 (1) bànlùshàng

(2) duìbuqǐ

(3) lái wǎn le

(4) Chē huài le

2 (1) 我的车坏了。

(2) 你为什么来晚了？

(3) 我来晚了。

3 (1) 你的车为什么坏了？

(2) 他为什么感冒了？

(3) 你为什么哭了？

4 (1) 为什么

(2) 真

(3) 坏

(4) 对不起

7주차

01 今天星期几？ 오늘은 무슨 요일입니까?

1 明天

2 星期五

3 ②

02 今天几月几号？ 오늘은 몇 월 며칠입니까?

1 今天五月八号。

2 (1) ×

(2) ×

(3) ○

3 (1)今天星期几?

(2) 今天是六月二十八号吗?

4 (1) 十七

(2) 八百五十七

(3) 四百零九

(4) 一千零四

8주차

1 ①

2 ④

3 ②

4 ④

5 ③

9주차

01 你要买什么? 무엇을 사려고 하세요?

1 (1) 个

(2) 瓶

2 ④

3 (1) 我要买一瓶矿泉水。

(2) 我还要两个鸡蛋。

4 (1) 你要买什么?

(2) 我要买一瓶矿泉水。

(3) 你还要什么?

(4) 我还要两个鸡蛋。

02 多少钱? 얼마예요?

1 (1) 多少

(2) 一点儿

(3) 怎么

2 (1) 两块钱。

(2) 一百二十块三毛。

3 (1) 四百九十七

(2) 六十二

(3) 三百八十七

(4) 两万七千一百四十三

(5) 一千七百九十五

4 (1) 便宜一点儿吧。

(2) 我们这里不二价。

(3) 那个怎么卖?

(4) 那个卖一万两千块。

10주차

01 现在几点? 지금 몇 시예요?

1 (1) 七点三十五分

(2) 五点十五分 / 五点一刻

(3) 十一点四十五分 / 十一点三刻

2 (1) ②

(2) ③

(3) ④

3 (1) 三刻

(2) 半

(3) 一刻

02 什么时候起床? 언제 일어나세요?

1 (1) 差五分三点/过五分三点

(2) 三点过五分

(3) 十点过一刻

2 (1) 快起来。

(2) 真糟糕。

(3) 明天你叫醒我。

(4)早一点睡吧。

3 (1) 我五点三十分起床。/ 我五点半起床。

(2) 我七点十五(分)吃早饭。/ 我七点一刻吃早饭。

(3) 我八点五分上班。/ 我八点过五分上班。

(4) 我十点四十五分睡。/ 我十点三刻睡。

11주차

01 他在哪儿? 그는 어디에 있습니까?

1 ③

2 ①

3 ①

4 (1) 家

(2) 学校

(3) 公司

02 她在干什么? 그녀는 지금 무엇을 하고 있습니까?

1 (1) 爷爷

(2) 弟弟

(3) 哥哥

(4) 妹妹

2 (1) 玩

(2) 看

(3) 写

3 ③

4 (1) 看电视

(2) 吃饭

(3) 玩电脑

(4) 看电视

12주차

01 我比她高 그는 어디에 있습니까?

1 (1) 美英

(2) 昌浩

2 (1) 高

(2) 瘦

(3) 大

3 ②

02 这个不比那个贵 이것은 저것보다 비싸지 않아요

1 (1) 苹果比葡萄贵。

(2) 橙子不比香蕉好吃。/ 橙子不如香蕉好吃。

2 ① 贵

② 甜

③ 好吃

④ 大的

3 不如

4 (1) 苹果比香蕉好吃。
(2) 这个不如那个好。
(3) 这个葡萄不必那个葡萄甜。

13주차

1 ②
2 (1) 六百七十九
(2) 八千四百五十三
(3) 三十五万八千七百二十
3 (1) 两点十三分
(2) 三点十五分/三点一刻
(3) 五点三十分/五点半
(4) 七点四十五分/七点三刻
(5) 八点七分
4 ②
5 ②
6 ②
7 ③
8 (1) ②
(2) ③
9 ① 甜
② 辣
③ 咸
④ 酸
⑤ 苦

중국어 기초회화 1

초판 1쇄 발행 2013년 5월 10일
초판 2쇄 발행 2016년 7월 29일

지은이 김진아
발행인 김인철
총괄 · 기획 장지호 Director, University Press
편집장 신선호 Executive Knowledge Contents Creator
도서편집 김민정 Contents Creator
진수연 Contents Creator
전자책편집 최인우 Chief e-Contents Creator
마케팅 곽용창 Chief Marketing Creator
재무관리 권미경 Chief Managing Creator
김은혜 Managing Creator

발행처 한국외국어대학교 지식출판원
02450 서울특별시 동대문구 이문로 107
전화 02)2173-2493~7
팩스 02)2173-3363
홈페이지 http://press.hufs.ac.kr
전자우편 press@hufs.ac.kr
출판등록 제6-6호(1969. 4. 30)
디자인 · 편집 디자인퍼브 02)2254-4308
인쇄 · 제본 상지사피앤비 031)955-3636

ISBN 978-89-7464-820-6 98720 정가 15,000원

*잘못된 책은 교환하여 드립니다.

HU:iNE은 한국외국어대학교 지식출판원의 어학도서, 사회과학도서, 지역학 도서 Sub Brand이다. 한국외대의 영문명인 HUFS, 현명한 국제전문가 양성(International +Intelligent)의 의미를 담고 있으며, 휴인(携引)의 뜻인 '이끌다, 끌고 나가다'라는 의미처럼 출판계를 이끄는 리더로서, 혁신의 이미지를 담고 있다.

이 책의 음원(mp3)은 한국외국어대학교 지식출판원 홈페이지(press.hufs.ac.kr) – 게시판 – 자료실에서 다운받아 사용하시기 바랍니다.